ようこそスペインへ
Bienvenido a España.
ビエンベニード　ア　エスパーニャ

スペイン国旗
上から赤・黄・赤の国旗。スペイン語ではロヒグアルダrojigualda、通称「血と金の旗」と呼ばれる。中央の紋章は5つの王国（カスティーリャ、レオン、アラゴン、ナバーラ、グラナダ）を表している。

セルバンテスの小説「ドン・キホーテ」の舞台、カンポ・デ・クリプターナの風車

○○○○○○○、アンダルシア地方のひまわり

アンダルシアの宝石、ミハスの白い家並み

コルドバの街、路地裏の花のパティオ

スペインの地図
Mapa de España
マパ　デ　エスパーニャ

首都	マドリッド　Madrid
時差	日本との時差は－8時間。日本が正午のときスペインは午前4時。※サマータイム期間（3月末～10月末）は－7時間。
ビザ	観光目的なら90日以内の滞在はビザ不要。
政体	17の自治州から成り、それぞれ独自の政府をもつ。自治州はさらに全部で50の県に分けられる。

アストゥリアス Asturias
サンティアゴ・デ・コンポステーラ
カンタブリア Cantabria
ガリシア Galicia
カスティーリャ・イ・レオン Castilla y León
エストレマドゥーラ Extremadura
コルドバ
セビリア

マドリードから約90Km、岩山の頂に堅固な市壁で囲まれた城塞都市アビラ

サンティアゴ・デ・コンポステーラのカテドラル

サンティアゴ・デ・コンポステーラの世界遺産、歓喜の丘

セゴビア、接着剤を使わずに2万400個の石だけで造られた古代ローマ時代の水道橋、全長728メートルにもおよぶ

聖ヨハネ騎士団の要塞が残るカルデリコの丘の稜線、それに沿うように芸術的に並んだコンスエグラの風車

9世紀からアンダルシアの歴史を見てきたアルハンブラ宮殿

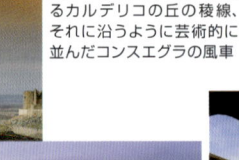

暑いアンダルシアの夏に涼を与える離宮ヘネラリフェ

地図上のラベル:
- ビルバオ
- バスク Pais Vasco
- サン・セバスティアン
- ナバーラ Navarra
- リオハ La Rioja
- サラゴサ
- カタルーニャ Catalunya
- ジローナ
- アラゴン Aragón
- バルセロナ
- セゴビア
- マドリード Madrid
- マドリード
- トレド
- コンスエグラ
- バレンシア
- カスティーリャ・ラ・マンチャ Castilla La Mancha
- バレンシア Valencia
- バレアレス諸島 Islas Baleares
- メノルカ島
- マジョルカ島
- イビザ島
- ムルシア Murcia
- アンダルシア Andalucía
- グラナダ

サン・セバスティアンのビーチ

ひとくちメモ
mayor（マジョル）は「より大きい」、menor（メノル）は「より小さい」という意味。

かつては1000本以上の円柱が並んでいたというコルドバのメスキータ内部

ビルバオのグッゲンハイム美術館

メノルカ島の路地裏

画家エル・グレコも絶賛した街並み、古都トレド

海のそばの家

魅惑のバルセロナ
Barcelona
バルセロナ

ガウディ建築のカサ・ミラ邸

建築家ガウディの未完の傑作サグラダ・ファミリア大聖堂
©スペイン政府観光局

カサ・ミラ邸は屋上もくねくねしている

木漏れ日が気持ちいいバルセロナのオープンカフェ

バルセロナの便利な地下鉄

新市街ディアゴナル通り沿いの
トラム（路面電車）

スペインといえばパエリア

夏は海水浴でにぎわうバルセロネータ海岸

サグラダ・ファミリアの螺旋階段から見たバルセロナの街並み

バルセロナから日帰りで行ける
郊外の街ジローナ

FCバルセロナの本拠地カンプノウ

ジローナのカラフルな建物

首都マドリード
Madrid
マドリード

中世ヨーロッパで強大な勢力を誇った
ハプスブルク家時代の面影が残るマヨール広場

散策が楽しいマドリードのカラフルな建物

世界で最も有名な美術館の一つと称されるプラド美術館

エレガントな街、
マドリードのグランビア通り

気軽に入れて
タパスが楽しめるバル

闘牛

闘牛の公式シーズン

3月中旬	バレンシアの火祭り
4月下旬	セビリアの春祭り
5月上旬	コルドバの春祭り
5　　月	マドリードのサン・イシドロ祭り
6月上旬	グラナダのフェリア
7月中旬	パンプローナのサン・フェルミン祭
8　　月	マラガのフェリア
9　　月	サラゴサのピラール祭

※マドリードやセビリアの闘牛場では基本的に毎週日曜に開催

フラメンコのタブラオ

バル（Bar）やレストランの中に板張りの舞台があるところをタブラオ（tablao）という。入場料を払ってお酒や食事をしながら楽しむ。

119ページに　スペイン語のかけ声

FCバルセロナの本拠地 カンプノウスタジアム

リーガエスパニョーラのシーズンは8月下旬から翌年5月下旬ごろまでで基本的に土曜か日曜開催。コパ・デル・レイ（国王杯）やUEFAチャンピオンズリーグの試合は火曜・水曜開催が多い。

120ページに　サッカー応援フレーズ

情熱のエンターテインメント
entretenimiento
エントレテニミエント

中南米・カリブ海の国々もスペイン語圏

América Latina / El Caribe
アメリカ　　　　ラティナ　　　エル　　カリベ

スペイン語は世界で約4億2千万人の人々によって日常的に話されており、ラテンアメリカ地域における国際共通語でもある。

アルゼンチンの首都ブエノスアイレス

ペルーの世界遺産マチュピチュ

カリブ海（メキシコ カンクン）

10フレーズで
楽しいスペイン旅行を

　ヨーロッパの中でも温暖な気候に恵まれるスペイン。歴史的遺産からガウディ建築、アンダルシアの田園風景、サッカー観戦、バルでの軽食や本場パエリヤの魅力が私たちを旅へと誘います。スペイン語はアルゼンチンやメキシコなど中南米、さらにはアフリカの一部でも母語として使われており、スペイン語が通じる旅先は世界各地に点在します。

　新たな土地との出会いは、新たな人との出会い。スペイン語で気持ちよく話ができれば、心に残る素晴らしい旅になることでしょう。

　本書は10の基本フレーズから始めて、旅行の場面に対応した会話文が、各項目の「基本フレーズ」と「言い換え単語」で作れるように工夫されています。すぐに使える定番表現や単語も多数、収録しました。

　また、すべてのスペイン語フレーズ、単語にカタカナ読みが添えてありますので、初学者でも安心です。本書をガイドに、まずは声に出してコミュニケーションをとってみましょう。

　皆さんの旅が素敵な経験になりますように。心から願っています。

　　　　　　　　　　　　　　　　　　　　　　　　著者

CONTENTS

はじめに ……………………………………………………………………… 1
本書の使い方 ………………………………………………………………… 4
スペイン語の基礎知識 ……………………………………………………… 5

出発24時間前 編 …………………………………………………… 7

基本の10フレーズ ………………………………………………………… 8
15の常用フレーズ ………………………………………………………… 18
定番応答フレーズ8 ……………………………………………………… 19
知っておくと　　数字／序数詞／値段／疑問詞／時刻／時の表現／ ……… 20
便利な表現　　　時間にまつわる表現／位置／日付／暦の月／曜日

場面別会話 編

● 機内・空港 …………………………………………………………… 33
機内で　　　　場所を聞く／乗務員に用事を頼む／ ………………………… 34
　　　　　　　機内食を頼む／飲み物を頼む
到着空港で　　入国審査／荷物の受け取り／紛失手荷物の窓口で／ ……… 39
　　　　　　　税関審査／通貨を両替する
空港から市内へ　交通機関の場所を聞く／タクシーの運転手に頼む ……… 46

● 宿泊 …………………………………………………………………… 49
問い合わせ　　客室のタイプ／料金を聞く／施設の有無を聞く …………… 50
フロントで　　希望を伝える／館内施設の場所を聞く ……………………… 54
部屋で　　　　使いたいと伝える／欲しいと伝える ………………………… 57
朝食　　　　　朝食を注文する ………………………………………………… 59
トラブル　　　故障している …………………………………………………… 63

● 飲食 65

店を探す	店を探す 66	
カフェで	飲み物を注文する／食べ物を注文する／席のリクエストを .... 68 する／メニューを頼む／飲み物を頼む／ワインについて／前菜を注文する／メインディッシュを注文する／タパスを注文する／デザートを注文する／料理の感想を言う	

● 買い物 81

店を探す	店を探す／売り場を探す 82
洋服・雑貨などの専門店で	服を買う／デザインについて尋ねる／生地について尋ねる .... 84 ／色について尋ねる／サイズについて尋ねる／かばん・靴を買う／雑貨を買う／ギフト雑貨を買う／アクセサリーを買う／化粧品を買う／文具を買う／日用品を買う／ラッピングを頼む

● 観光 101

観光案内所で	観光名所への行き方を尋ねる／都市への行き方を尋ねる／ .... 102 目的の場所がどこか尋ねる／希望を伝える／乗り物のチケットを買う／タクシーに乗る
観光スポットで	チケットを買う／許可を得る／写真を撮る 114
サッカー観戦 120	

● トラブル 123

トラブルに直面！	とっさの一言／助けを呼ぶ／盗難に遭った／ .... 124 連絡を頼む
病院へ	発症時期を伝える／症状を伝える／薬を買う／ .... 132 薬の飲み方の説明

単語編 すぐに使える旅単語集500 137

カンタン便利なスペイン語フレーズ 163

さくいん 164

本書の使い方

本書は、「出発24時間前」「場面別会話」「すぐに使える旅単語集」の3部構成になっています。

1）出発24時間前

本編を始める前に、「基本の10フレーズ」を紹介します。各フレーズについて複数の例文（6～8文）を載せています。この例文は、「日本語→スペイン語」の順でCD-1に収録されていますので、音声に続いて繰り返し練習してみましょう。出発24時間前でも間に合いますが、余裕のある人は3日～1週間前から練習すると効果的でしょう。

CD-1はほかに、「15の常用フレーズ」、「定番応答フレーズ8」、「知っておくと便利な表現」も収録されています。

2）場面別会話編「基本フレーズ+単語」

海外旅行のシチュエーションを「機内・空港」「宿泊」「飲食」「ショッピング」「観光」「トラブル」の6つに分け、各シチュエーションの基本単語を精選して収録しました。どの単語も基本フレーズと組み合わせて使えるようになっています。

> CD-1とCD-2の前半には出発24時間前編と場面別会話編の「フレーズ」「言い換え単語」「定番フレーズ」が「日本語→スペイン語」の順に収録されています。

3）巻末付録単語集「すぐに使える旅単語集500」

旅行でよく使う単語を巻末にまとめました。単語は旅行のシチュエーションごとに分かれているので、旅先で知りたい単語を引くのに便利です。

> CD-2の後半には巻末付録単語集が「日本語→スペイン語→スペイン語」の順に収録してあります。※スペイン語は2回流れます

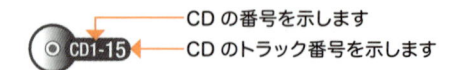

CD1-15
- CDの番号を示します
- CDのトラック番号を示します

●発音・記号について

フレーズ、単語にはカタカナの発音ガイドが付いています。疑問形のフレーズにある⤴は尻上がりのイントネーションで言うサインです。

スペイン語の基礎知識

CD1-2

①名詞の性

スペイン語の名詞には文法上の性があり、すべての名詞が男性名詞か女性名詞に分けられます。

自然の性を持つ名詞は男女の区別が文法上の性と一致します。無生物や抽象名詞なども男性名詞か女性名詞のいずれかに分類されます。

男性名詞		女性名詞	
niño ニニョ	男の子	**niña** ニニャ	女の子
libro リブロ	本	**mesa** メサ	机

②不定冠詞

名詞が示す物が常識的に見てたくさんある場合、1つ（単数）なのか、いくつか（複数）なのかを表します。単数のとき男性名詞には un を、女性名詞には una を付けます。英語の a/an に当たります。

un libro
ウン　リブロ
（1冊の本）

una mesa
ウナ　メサ
（一つの机）

③複数形と不定冠詞

スペイン語には英語と同じく単数形、複数形の区別があり、複数形は単数形の名詞の語尾に s を付けるのが原則です。不定冠詞も unos（男性）、unas（女性）となります。

CD1-3

男性名詞

un niño 男の子
ウン　ニニョ

unos niños 男の子たち
ウノス　ニニョス

女性名詞

una niña 女の子
ウナ　ニニャ

unas niñas 女の子たち
ウナス　ニニャス

④定冠詞

名詞が示す物が常識的に1つしかないときは、定冠詞 el（男性）、la（女性）を付けます。英語の the に当たるものです。複数の場合は、los（男性）、las（女性）を付けます。

男性名詞

el libro その本
エル　リブロ

los libros それらの本
ロス　リブロス

女性名詞

la mesa その机
ラ　メサ

las mesas それらの机
ラス　メサス

出発24時間前編

基本の10フレーズ

基本知識と定番表現を
まとめてチェック！

基本の10フレーズ

CD1-4

1 〜をお願いします。
〜 por favor.
ポル　　ファボル

レストランで料理や飲み物を注文したり、ショッピングの場面で店員さんに買いたいものを伝えたりと、さまざまな場面で使える便利なフレーズです。欲しいものの単語の後に、por favor を付けるだけです。

言ってみましょう

オレンジジュースをお願いします。	**Un zumo de naranja, por favor.** ウン　スモ　デ　ナランハ　ポル　ファボル
エスプレッソをお願いします。	**Un café exprés, por favor.** ウン　カフェ　エクスプレス　ポル　ファボル
魚をお願いします。	**Pescado, por favor.** ペスカド　ポル　ファボル
バゲット1本、お願いします。	**Una barra de pan, por favor.** ウナ　バラ　デ　パン　ポル　ファボル
お勘定をお願いします。	**La cuenta, por favor.** ラ　クエンタ　ポル　ファボル
チェックアウトをお願いします。	**La (nota de la) cuenta, por favor.** ラ　ノタ　デ　ラ　クエンタ　ポル　ファボル
切符1枚お願いします。	**Un billete, por favor.** ウン　ビジェテ　ポル　ファボル
8時にお願いします。	**A las 8, por favor.** ア　ラス　オチョ　ポル　ファボル

② 〜がほしいのですが。
Puede traerme (darme) 〜 ?
プエデ　　　　　トラエルメ　　　　　ダルメ

自分が欲しいものを相手にやんわり伝える表現です。Puede traerme の後に、欲しいものを付けます。traerme は「私にもたらす」という意味です。

言ってみましょう

水が欲しいのですが。	¿Puede traerme (un vaso de) agua? プエデ　トラエルメ　ウン　バソ　デ　アグア
メニューが欲しいのですが。	¿Puede traerme la carta (del menú)? プエデ　トラエルメ　ラ　カルタ　デル　メヌー
ワインメニューが欲しいのですが。	¿Puede traerme la carta de vinos? プエデ　トラエルメ　ラ　カルタ　デ　ビノス
領収書が欲しいのですが。	¿Puede darme un recibo? プエデ　ダルメ　ウン　レシボ
新しいタオルが欲しいのですが。	¿Puede traerme una toalla nueva? プエデ　トラエルメ　ウナ　トアジャ　ヌエバ
地下鉄路線図が欲しいのですが。	¿Puede traerme un plano del Metro? プエデ　トラエルメ　ウン　プラノ　デル　メトロ

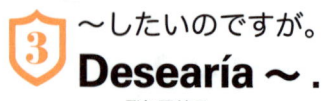

3 ～したいのですが。
Desearía ～.
デセアリア

自分がしたいことを相手にやんわり伝えたい時に使う表現です。Desearíaの後に、自分のしたいことを付けます。

言ってみましょう

テーブルの予約をしたいのですが。	**Desearía reservar una mesa.** デセアリア　レセルバル　ウナ　メサ
予約の取り消しをしたいのですが。	**Desearía anular mi reserva.** デセアリア　アヌラル　ミ　レセルバ
日本へ電話をかけたいのですが。	**Desearía telefonear a Japón.** デセアリア　テレフォネアル　ア　ハポン
チェックインをしたいのですが。	**Desearía hacer el check in.** デセアリ　アセル　エル　チェク　イン
インターネットをしたいのですが。	**Desearía usar internet.** デセアリア　ウサル　インテルネット
円をユーロに両替したいのですが。	**Desearía cambiar yenes en euros.** デセアリア　カンビアル　イエネス　エン　エウロス
写真を撮りたいのですが。	**Desearía sacar unas fotos.** デセアリア　サカル　ウナス　フォトス ※ Desearía tomar unas fotos. でも OK

4. ～してくださいますか。
¿Podría (usted) ～ ?
ポドリア　　　　ウステ

相手に何かして欲しい時に使う表現です。Podría の後に、して欲しいことを付け加えます。usted は「あなた」という意味で省略しても大丈夫です。英語でいうと you ですね。

言ってみましょう

手伝ってくださいますか。	¿Podría ayudarme?
少し待ってくださいますか。	¿Podría esperar un momento?
貴重品を預かってくださいますか。	¿Podría guardarme estos objetos de valor?
部屋に付けてくださいますか。（代金をホテル代に含ませるという意味）	¿Podría cargarlo a (la cuenta de) mi habitacion?
タクシーを呼んでくださいますか。	¿Podría llamar un taxi?
住所を書いてくださいますか。	¿Podría escribir la dirección?
道を教えてくださいますか。	¿Podría indicarme el camino?
私の写真を撮ってくださいますか。	¿Podría sacarme una foto?

5 〜が（この近くに）ありますか。
¿Hay 〜 cerca de aquí?
アイ　セルカ　デ　アキー

施設や設備を探している時に使える表現です。cerca de aquí「この近くに」
cerca de hotel「このホテル近くに」など、場所を添えます。

言ってみましょう

郵便局がありますか。	¿Hay una oficina de correos cerca de aquí? アイ　ウナ　オフィシナ　デ　コレオス　セルカ　デ　アキー
銀行がありますか。	¿Hay un banco cerca de aquí? アイ　ウン　バンコ　セルカ　デ　アキー
警察署がありますか。	¿Hay una comisaría cerca de aquí? アイ　ウナ　コミサリア　セルカ　デ　アキー
タバコ屋がありますか。	¿Hay un estanco cerca de aquí? アイ　ウン　エスタンコ　セルカ　デ　アキー
地下鉄の駅がありますか。	¿Hay una estación de Metro cerca de aquí? アイ　ウナ　エスタシヨン　デ　メトロ　セルカ　デ　アキー
バス停がありますか。	¿Hay una parada de autobús cerca de aquí? アイ　ウナ　パラダ　デ　アウトブス　セルカ　デ　アキー
タクシー乗り場がありますか。	¿Hay una estación de taxis cerca de aquí? アイ　ウナ　エスタシヨン　デ　タクシ　セルカ　デ　アキー ※ Hay una parada de taxis cerca de aquí? でも OK 　　　　　パラダ
お手洗いがありますか。	¿Hay unos aseos cerca de aquí? アイ　ウノス　アセオス　セルカ　デ　アキー

6 〜はありますか。
¿Tiene (usted) 〜 ?
ティエネ　　ウステ

お店などで、自分の欲しい物がおいてあるかどうかを聞く時に便利な表現です。usted は省略できます。

言ってみましょう

絵葉書はありますか。	**¿Tiene tarjetas postales?** ティエネ　タルヘタス　ポスタレス
切手はありますか。	**¿Tiene sellos (para cartas)?** ティエネ　セジョス　パラ　カルタス
町の地図はありますか。	**¿Tiene un mapa de la ciudad?** ティエネ　ウン　マパ　デ　ラ　シウダー
もっと大きいサイズはありますか。	**¿Tiene una talla más grande?** ティエネ　ウナ　タジャ　マス　グランデ
もっと小さいサイズはありますか。	**¿Tiene una talla más pequeña?** ティエネ　ウナ　タジャ　マス　ペケニャ
チョリソーはありますか。	**¿Tiene chorizos?** ティエネ　チョリソス
クロワッサンはありますか。	**¿Tiene croasans?** ティエネ　クロアサンズ
キッシュはありますか。	**¿Tiene galletas?** ティエネ　ガジェタス

7 これは〜ですか。
¿Es 〜 ? / ¿Está 〜 ?

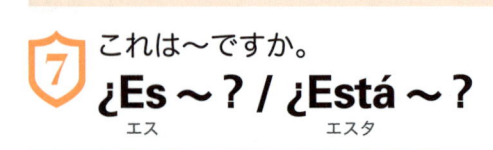

目の前のものについて聞く時の簡単表現です。洋服や靴のサイズを確認したり、素材や品質を聞いたりと、使い方はいろいろです。評価を聞く時にも使える表現です。

言ってみましょう

これは土地のものですか。	¿Es un producto de la región?
これはシルクですか。	¿Es de seda?
これはSサイズですか。	¿Es (de) la talla S?
これは牛肉ですか。	¿Es carne de ternera?
これはおいしいですか。	¿Está bueno?
これは甘いですか。	¿Es dulce? ※複数のときは ¿Está dulce?
これは流行っていますか。	¿Está de moda?
これはなんですか。	¿Qué es esto?

8. ～してもいいですか。
¿Puedo ～?

相手に許可を求める表現です。¿Puedo の後に動詞を続けます。

言ってみましょう

煙草を吸ってもいいですか。	**¿Puedo fumar?**
入ってもいいですか。	**¿Puedo entrar?**
見てもいいですか。	**¿Puedo verlo?**
試着してもいいですか。	**¿Puedo probármelo?**
写真を撮ってもいいですか。	**¿Puedo sacar fotos?**
荷物を置いておいてもいいですか。	**¿Puedo dejar aquí el equipaje?**
ここに座ってもいいですか。	**¿Puedo sentarme aquí?**
電話をしてもいいですか。	**¿Puedo usar el teléfono?**

9 〜はどこですか。
¿Dónde está～? / ¿Dónde están～?
ドンデ　　エスタ　　　　　　　　ドンデ　　エスタン

場所を聞くときの簡単表現です。Dónde esta の次に、聞きたい施設や建物、売り場などを表す単語を付け加えるだけです。複数の場合は ¿Dónde están ～? です。

言ってみましょう

入口はどこですか。	**¿Dónde está la entrada?** ドンデ　エスタ　ラ　エントラダ
出口はどこですか。	**¿Dónde está la salida?** ドンデ　エスタ　ラ　サリダ
私の座席はどこですか。	**¿Dónde está mi asiento?** ドンデ　エスタ　ミ　アシエント
化粧室はどこですか。	**¿Dónde están los aseos?** ドンデ　エスタン　ロス　アセオス
チャマルティン駅はどこですか。	**¿Dónde está la estación de Chamartín?** ドンデ　エスタ　ラ　エスタシヨン　デ　チャマルティン
窓口はどこですか。	**¿Dónde está la ventanilla (de los billetes)?** ドンデ　エスタ　ラ　ベンタニジャ　デ　ロス　ビジェテス
エレベーターはどこですか。	**¿Dónde está el ascensor?** ドンデ　エスタ　エル　アスセンソル
クロークはどこですか。	**¿Dónde está el guarda-ropa?** ドンデ　エスタ　エル　グアルダ　ロパ

10 何時に〜ですか。
¿A qué hora 〜 ?

事柄や行動などを何時に行うのかを尋ねるときに使う表現です。

言ってみましょう

何時に開きますか。	¿A qué hora abren ustedes?
何時に閉めますか。	¿A qué hora cierran ustedes?
何時に着きますか。	¿A qué hora llega usted?
何時に待ち合わせですか。	¿A qué hora se ven? ※複数のときは ¿A qué hora nos vemos?
何時に出発ですか。	¿A qué hora sale el tren?
何時にホテルに戻りますか。	¿A qué hora vuelve al hotel?
何時に始まりますか。	¿A qué hora comienza?
何時に終わりますか。	¿A qué hora termina?

15の 常用フレーズ　　CD1-14

基本の10フレーズのほかに覚えておきたい、挨拶や便利な一言です。このまま覚えて実際に使ってみましょう。

1 こんにちは。　　Buenos días.
ブエノス　ディアス

2 こんばんは。　　Buenas tardes.
ブエノス　タルデス

3 さようなら。　　Hasta luego.
アスタ　ルエゴ

4 ありがとうございます。　　Muchas gracias.
ムチアス　グラシャス

5 すみません。　　Perdone usted.
ペルドネ　ウステ

6 何とおっしゃいましたか。　　¿Perdón?
ペルドン

7 わかりません。　　No entiendo.
ノ　エンティエンド

8 もう一度言ってもらえますか。　　¿Podría repetir, por favor?
ポドリア　レペティル　ポル　ファボル

9 ゆっくり話してもらえますか。　　¿Podría hablar un poco más lentamente, por favor?
ポドリア　アブラル　ウン　ポコ　マス　レンタメンテ　ポル　ファボル

10 おねがいします。　　Por favor.
ポル　ファボル

11 ちょっと待ってください。　　Espere un momento, por favor.
エスペレ　ウン　モメント　ポル　ファボル

12	いくらですか。	¿Cuánto es? クアント エス
13	いくらになりますか。	¿Cuánto hace todo? クアント アセ トド
14	書いてくださいますか。	¿Podría escribirlo, por favor? ポドリア エスクリビルロ ポル ファボル
15	ここですか。	¿Es aquí? エス アキー

定番応答フレーズ 8　　CD1-15

返事や応答でよく使う基本的なフレーズです。

1	はい。	Sí. シィ
2	いいえ。	No. ノー
3	いいえ、(〜です)。	Eso es. エソ エス
4	大丈夫です。	Vale. バレ
5	いいですよ。	De acuerdo. デ アクエルド
6	いいえ、結構です。	No, gracias. ノー グラシャス
7	はい、その通りです。	Sí, así es. シ アシ エス
8	どういたしまして。	Se lo ruego. セ ロ ルエゴ

知っておくと便利な表現

1 数字

CD1-16

数字は、買い物で値段を聞いたり、また、乗り物の時刻を確認したりなど、旅行で出番の多いものです。

0	cero / セロ		11	once / オンセ
1	uno / ウノ		12	doce / ドセ
2	dos / ドス		13	trece / トレセ
3	tres / トレス		14	catorce / カトルセ
4	cuatro / クアトロ		15	quince / キンセ
5	cinco / シンコ		16	dieciséis / ディエシセイス
6	seis / セイス			※ 16～19は一の位にdieciがつくだけ
7	siete / シエテ		17	diecisiete / ディエシシエテ
8	ocho / オチョ		18	dieciocho / ディエシオチョ
9	nueve / ヌエベ		19	diecinueve / ディエシヌエベ
10	diez / ディエス		20	veinte / ベインテ

21	veintiuno ベインティウノ	107	ciento siete シエント シエテ
22	veintidós ベインティドス	200	doscientos ドスシエントス
30	treinta トレインタ	500	quinientos キニエントス
31	treinta y uno トゥレインタ イ ウノ	1000	mil ミル

※31〜99 までは十の位と一の位に y をつける

※un mill とは言いません

32	treinta y dos トレインタ イ ドス	1万	diez mil ディエス ミル

※diez miles とは言いません

40	cuarenta クアレンタ	10万	cien mil シエン ミル
50	cincuenta シンクエンタ	100万	un millón ウン ミジョーン
60	sesenta セセンタ		
70	setenta セテンタ		
80	ochenta オチェンタ		
90	noventa ノベンタ		
100	cien シエン		

2 序数詞

建物の階数を言ったり、座席の列数を言ったりする時に「〜番目の」を表す序数詞を使います。

1番目の、最初の	primero プリメロ	7番目の	séptimo セプティモ
2番目の	segundo セグンド	8番目の	octavo オクタボ
3番目の	tercero テルセロ	9番目の	noveno ノベノ
※ el tercer hombre (第三の男)		10番目の	décimo デシモ
4番目の	cuarto クアルト	11番目の	undécimo ウンデシモ
※ una cuarta parte (四分の一)		12番目の	duodécimo ドゥオデシモ
5番目の	quinto キント	20番目の	vigésimo ヴィヘシモ
6番目の	sexto セクスト		

知っておくと便利な表現

3 値段

1ユーロ	un euro (€1)
5セント	cinco céntimos (¢5)
10ユーロ50セント	diez euros con cincuenta céntimos (€10.5)
1kgあたり3ユーロ	tres euros por kilo

4 疑問詞

何か	qué	これは何ですか ¿Qué es esto?
誰か	quién	あの人は誰ですか？ ¿Quién es esa persona?
なぜか	por qué	それはなぜですか？ ¿Por qué?
どこか	dónde	トイレはどこですか？ ¿Dónde está el servicio?
どのくらい	cuánto	いくらですか？ ¿Cuánto es?
いつか	cuándo	いつ出発ですか？ ¿Cuándo sale?

5 時刻

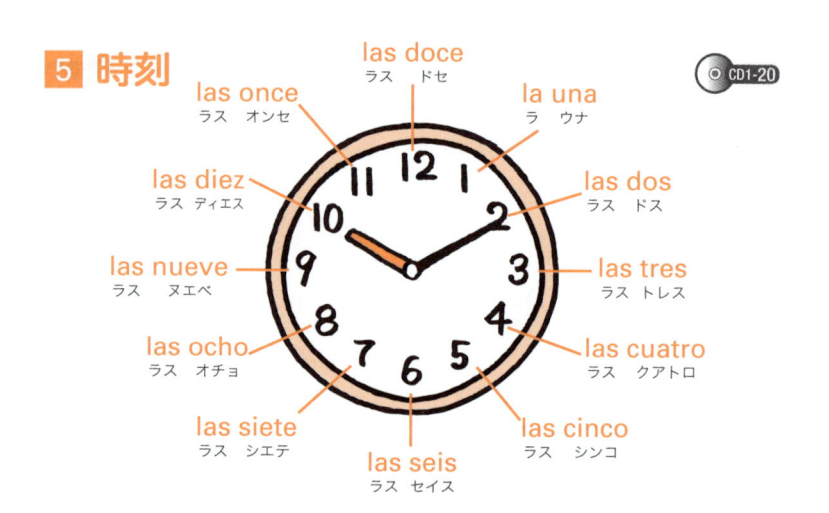

las doce ラス ドセ
las once ラス オンセ
la una ラ ウナ
las diez ラス ディエス
las dos ラス ドス
las nueve ラス ヌエベ
las tres ラス トレス
las ocho ラス オチョ
las cuatro ラス クアトロ
las siete ラス シエテ
las seis ラス セイス
las cinco ラス シンコ

1時10分　la una y diez
ラ ウナ イ ディエス

1時30分　la una y treinta
ラ ウナ イ トレインタ

1時45分
la una y cuarenta y cinco
ラ ウナ イ クアレンタ イ シンコ

1時50分
la una y cincuenta
ラ ウナ イ シンクエンタ

今、何時ですか。　¿Qué hora es?
ケ オラ エス

1時です。　Es la una.
エス ラ ウナ

9時20分です。
Son las nueve y veinte.
ソン ラス ヌエベ イ ベインテ

午前8時　las ocho de la mañana.
ラス オチョ デ ラ マニャナ

午後1時　la una de la tarde.
ラ ウナ デ ラ タルデ

午後8時　las ocho de la tarde
ラス オチョ デ ラ タルデ

1時ちょうど　la una en punto
ラ ウナ エン プント

知っておくと便利な表現

〜前、〜後の言い方です。

（〜時）ちょうどです。	en punto エン プント
（〜時）5分です。	y cinco イ シンコ
（〜時）10分です。	y diez イ ディエス
（〜時）15分です。	y cuarto イ クアルト
（〜時）20分です。	y veinte イ ベインテ
（〜時）25分です。	y veinticinco イ ベインテシンコ
（〜時）半です。	y media イ メディア
（〜時）25分前です。	menos veinticinco メノス ベインテシンコ
（〜時）20分前です。	menos veinte メノス ベインテ
（〜時）15分前です。	menos cuarto メノス クアルト
（〜時）10分前です。	menos diez メノス ディエス
（〜時）5分前です。	menos cinco メノス シンコ

6 時の表現

1) 朝・昼・夜

朝（午前）	la mañana <small>ラ マニャナ</small>
昼	a mediodía <small>ア メディオディア</small>
午後	por la tarde <small>ポル ラ タルデ</small>
夕方・晩	anochecido <small>アノチェシド</small>
夜	la noche <small>ラ ノチェ</small>

2) 季節

春	la primavera <small>ラ プリマベーラ</small>
夏	el verano <small>エル ベラーノ</small>
秋	el otoño <small>エル オトーニョ</small>
冬	el invíerno <small>エル インビエルノ</small>

7 時間にまつわる表現

1分	un minuto (ウン ミヌト)
4分の1時間（15分）	un cuarto de hora (ウン クアルト デ オラ)
半時間（30分）	media hora (メディヤ オラ)
1時間	una hora (ウナ オラ)
1時間半	una hora y media (ウナ オラ イ メディヤ)
1日	un día (ウン ディア)
1週間	una semana (ウナ セマナ)
1ヶ月	un mes (ウン メス)
1年	un año (ウン アニョ)
早い	temprano (テンプラノ)
遅い	tarde (タルデ)

8 位置

前	delante	デランテ
後ろ	detrás	テトラス
右	a la derecha	ア ラ デレチャ
左	a la izquierda	ア ラ イスキエルダ
上	en alto / arriba	エン アルト アリーバ
下	abajo	アバホ
中	al interior / dentro	アル インテリヨル デントロ
外	al exterior / fuera	アル エクステリヨル フエラ

知っておくと便利な表現

9 日付

スペイン語で、年月日を表す時は、日、月、年の順になります。
日の前に el を付けます。

1月1日	el uno de enero
	エル ウノ デ エネロ

1月2日	el dos de febrero
	エル ドス デ フェブレロ

年号の読み方は数詞の読み方と同じです。

2014 年の読み方

2014	dos mil catorce
	ドス ミル カトルセ

2014 年 1 月 1 日

el uno de enero de dos mil catorse
エル ウノ デ エネロ デ ドス ミル カトルセ

10 暦の月

CD1-25

1月	enero エネロ		7月	julio フリオ
2月	febrero フェブレロ		8月	agosto アゴスト
3月	marzo マルソ		9月	septiembre セプティエンブレ
4月	abril アブリル		10月	octubre オクトゥーブレ
5月	mayo マジョ		11月	noviembre ノビエンブレ
6月	junio フニオ		12月	diciembre ディシエンブレ

ひとくちメモ

次ページのスペイン語の曜日の呼び方は、ローマ神話の神様やキリスト教の言葉が起源になっています。

lunes（月曜日）：　　　　月
martes（火曜日）：　　　軍神マルス
miércoles（水曜日）：　　商業の神メルクリウス
jueves（木曜日）：　　　 神々の王ユピテル
viernes（金曜日）：　　　愛の女神ウェヌス
sábado（土曜日）：　　　ユダヤ教の安息日
domingo（日曜日）：　　 主

知っておくと便利な表現

11 曜日　　　CD1-26

| 月曜日 | lunes
ルネス |

| 火曜日 | martes
マルテス |

| 水曜日 | miércoles
ミエルコレス |

| 木曜日 | jueves
フエベス |

| 金曜日 | viernes
ビエルネス |

| 土曜日 | sábado
サバド |

| 日曜日 | domingo
ドミンゴ |

> **ひとくちメモ**
>
> 　月曜から金曜までは、単数であっても、複数であっても、同じ形です。土曜・日曜は複数の場合には語尾に s が付きます。また、スペイン語の「曜日」や「月」は、頭の文字も小文字で書きます。

知っておくと便利な表現

12 その他の時の表現　CD1-27

今	ahora アオラ	今週	esta semana エスタ　セマナ
今日	hoy オイ	先週	la semana pasada ラ　セマナ　パサダ
昨日	ayer アジェル	来週	la próxima semana ラ　プロクシマ　セマナ
明日	mañana マニャナ	今月	este mes エステ　メス

今年	este año エステ　アニョ
去年	el año pasado エル　アニョ　パサド
来年	el año próximo エル　アニョ　プロクシモ
〜前	hace 〜 アセ
10年前	hace diez años アセ　ディエス　アニョス
〜後	dentro de 〜 デントロ　デ
10年後	dentro de diez años デントロ　デ　ディエス　アニョス

場面別会話編

機内・空港

スペインの旅の始まりは機内でのコミュニケーションから。飲み物の注文などをスペイン語でしてみましょう。気分は早くもスペインの地に飛んで行きますね。

✈ ≫ 機内で

場所を聞く

🔊 CD1-28

① （搭乗券を見せながら）**この席**はどこですか。
¿Dónde está mi asiento?
ドンデ　エスター　ミ　アシェント

言い換え	お手洗い	**los servicios** ロス　セルビショス （**Donde está** が **Donde están** となります） **los aseos**（こちらでも OK） ロス　アセオス
	非常口	**la salida de emergencia** ラ　サリダ　デ　エメルヘンシャ

乗務員に用事を頼む

② **毛布**をいただけますか。
¿Podría traerme una manta, por favor?
ポドリア　トラエルメ　ウナ　マンタ　ポル　ファボル

言い換え	日本の新聞	**un periódico japonés** ウン　ペリオディコ　ハポネス
	日本の雑誌	**un revista japonesa** ウン　レビスタ　ハポネサ
	枕	**una almohada** ウナ　アルモアダ
	イヤホン	**unos auriculares** ウノス　アウリクラレス
	税関申告書	**una tarjeta de declaracion de aduanas** ウナ　タルヘタ　デ　デクララション　デ　アドゥアナス

機内で

機内食を頼む

③ 魚をお願いします。
Desearía pescado.
デセアリア　　　　　ペスカド

牛肉	(carne de) ternera カルネ　デ　テルネラ
鶏肉	(carne de) pollo カルネ　デ　ポジョ
豚肉	(carne de) cerdo カルネ　デ　セルド
和食	comida japonesa コミダ　ハポネサ
パスタ	fideos フィデオス
パン	pan パン
特別食	plato especial プラト　エスペシアル
子ども向け機内食	comida para niños コミダ　パラ　ニニョス

ひとくちメモ 「機内食について」

　航空会社では、健康上の理由等で通常の機内食が食べられない乗客の為に、特別食を用意しています。ベジタリアン食（Comidas vegetarianas）、低カロリー食（Platos bajos en calorías）、減塩食（Dieta de sal baja）、無グルテン食（Dieta gluten-free）などがありますが、このような特別食は通常、48時間前までの事前予約が必要です。

飲み物を頼む　　　　　　　　　　　　　　CD1-29

④ **赤ワイン**をください。
Vino tinto, por favor.
ビノ　ティント　ポル　ファボル

白ワイン	**Vino blanco** ビノ　ブランコ
ビール	**Cerveza** セルベサ
シャンパン	**Champán** シャンパーン
オレンジジュース	**Zumo de naranja** スモ　デ　ナランハ
コーヒー	**Café** カフェ
紅茶	**Té negro** ※ **Té inglés** でも OK テ　ネグロ　　　　テ イングレス
緑茶	**Té verde** ※ **Té japonés** でも OK テ　ベルデ　　　　ハポネス
コーラ	**Coca cola** コカ　コラ
ミネラルウォーター	**Agua mineral** アグア　ミネラル
トマトジュース	**Zumo de tomate** スモ　デ　トマテ
もう一杯	**Otro vaso** オトロ　バソ

機内で使う 定番フレーズ CD1-30

- 席を替えることはできますか。 ¿Podría combiarme de asiento?
- 荷物入れにもう場所がありません。 No hay sitio en el portaequipajes.
- 寒いです。 Tengo frío.
- 毛布をもう一枚ください。 Desearía otra manta.
- 枕をもうひとつください。 Desearía otra armohada.
- 気分が良くないのですが。 No me siento bien.
- 頭が痛いです。 Me duele la cabeza.
- スクリーンの調子が悪いです。 La pantalla no funciona bien.
- ヘッドフォンの調子が悪いです。 Los auriculares no funcionan bien.
- 読書灯の調子が悪いです。 La lámpara de lectura no funciona bien.
- リモコンの調子が悪いです。 Los telecomandos no funcionan bien.
- ワインをこぼしてしまいました。 He derramado el vino.
- どうしてもお手洗いに行きたいのですが。 Tengo que ir al servicio.
- 座席を倒してもいいですか。 ¿Puedo reclinar mi asiento?
- すみません（通していただけますか）。 Perdone.

● 機内の単語

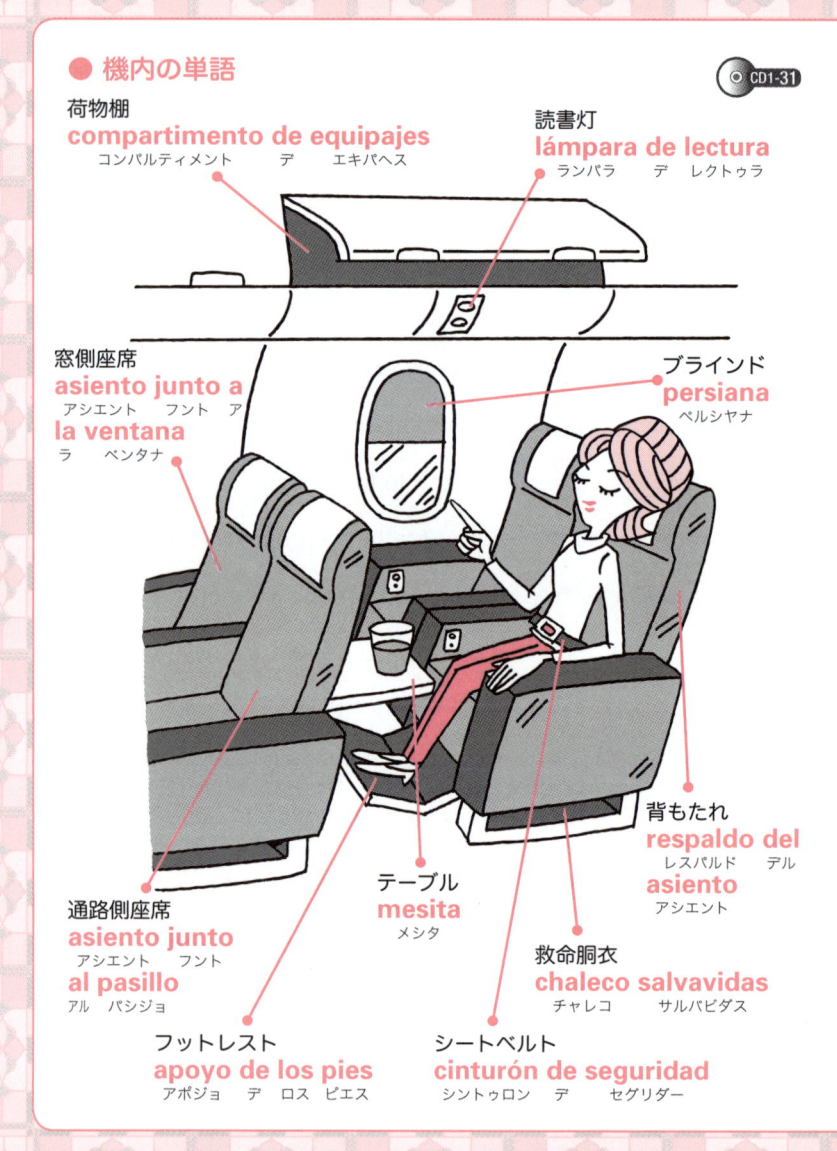

荷物棚
compartimento de equipajes
コンパルティメント　デ　エキパヘス

読書灯
lámpara de lectura
ランパラ　デ　レクトゥラ

窓側座席
asiento junto a la ventana
アシエント　フント　ア　ラ　ベンタナ

ブラインド
persiana
ペルシヤナ

背もたれ
respaldo del asiento
レスパルド　デル　アシエント

通路側座席
asiento junto al pasillo
アシエント　フント　アル　パシジョ

テーブル
mesita
メシタ

救命胴衣
chaleco salvavidas
チャレコ　サルバビダス

フットレスト
apoyo de los pies
アポジョ　デ　ロス　ピエス

シートベルト
cinturón de seguridad
シントゥロン　デ　セグリダー

✈ >> 到着空港で

入国審査　　　　　　　　　　　　　　　　🔘 CD1-32

① 観光のためです。（入国目的を問われた時の答え）
Para hacer turismo.
　パラ　　　アセル　　　トゥリスモ

🔄言い換え	仕事	**mi trabajo**　ミ　トラバッホ
	留学	**mis estudios**　ミス　エストゥディオス
	友人に会う	**ver a mis amigos**　ベル　ア　ミス　アミゴス

② 1週間です。（滞在期間を問われた時の答え）
Una semana.
　ウナ　　セマナ

🔄言い換え	3日間です	**tres días**　トレス　ディアス
	10日間です	**diez días**　ディエス　ディアス
	2週間です	**dos semanas**　ドス　セマナス
	ひと月です	**un mes**　ウン　メス
	2か月です	**dos meses**　ドス　メセス

③ **エウロパホテル**です。（滞在先を問われた時の答え）

Hotel Europa.
オテル　　エウロパ

言い換え		
ウエリントンホテルです	**Hotel Wellington** オテル　　ウエリントン	
大学の寮です	**Residencia universitaria** レシデンシャ　　　　ウニベルシタリヤ	
友人の家です	**En casa de unos amigos** エン　カサ　デ　ウノス　アミゴス	
親戚の家です	**En casa de mis padres** エン　カサ　デ　ミス　パドレス	

④ 私は**公務員**です。（職業を問われた時の答え）

Soy funcionario.
ソイ　　　フンショナリヨ

言い換え	
会社員	**empleado** エンプレアド
コンピューター技師	**especialista en informática** エスペシャリスタ　エン　インフォルマチカ
学生	**estudiante** エストゥディアンテ
専業主婦	**ama de casa** アマ　デ　カサ
教師	**profesor** プロフェソール
定年退職者	**jubilado** フビラド

到着空港で

荷物の受け取り

5 荷物サービスはどこですか。
¿Dónde está el servicio de equipajes?
ドンデ　エスタ　エル　セルビショ　デ　エキパヘス

言い換え

AF275便のターンテーブル	**banda de equipajes del vuelo AF 275** バンダ　デ　エキパヘス　デル　ブエロ　ア エフェ ドスシエントスセテンタイシンコ
紛失手荷物の窓口	**servicio de equipajes extraviados** セルビショ　デ　エキパヘス　エクストラビャドス
カート	**carrito (para equipajes)** カリート　パラ　エキパヘス

ひとくちメモ 「手荷物が見つからなかったら」

出発空港で預けた手荷物がターンテーブルから出てこなかった場合には、紛失手荷物の窓口に行って手続きをします。チェックインの際に渡された手荷物の預かり証（resguardo レスグアルド）を提示し、色、形、サイズなどを具体的に説明しましょう。そして、手荷物が空港に到着次第、連絡をもらえるように、ホテル名など滞在先を伝えておきます。荷物が手許に届くまで日数がかかることがあります。着替えや日常の必需品は、機内持ち込みの荷物に入れておくと安心です。

紛失手荷物の窓口で

⑥ 黒いスーツケースです。
Es una maleta negra.
エス　ウナ　　　マレタ　　　ネグラ

青色の	**azul** アスール
シルバーの	**color plata** コロル　プラタ
赤い	**roja** ロハ
大きい	**grande** グランデ
中くらいの	**mediana** メディアナ
小さい	**pequeña** ペケニャ
革製の	**de cuero** デ　クエロ
布製の	**de tela** デ　テラ
ハードケースの	**rígida / dura** リヒダ　ドゥラ

到着空港で

税関審査

⑦ ウィスキーを1本持っています。（申告についての問いに対する答え）

Tengo una botella de whisky.
テンゴ　ウナ　ボテシャ　デ　ウイスキ

言い換え	タバコ1カートン	**un cartón de cigarrillos** ウン　カルトン　デ　シガリージョス
	ワイン2本	**dos botellas de vino** ドス　ボテジャス　デ　ビノ
	日本酒1本	**una botella de sake** ウナ　ボテジャ　デ　サケ
	50万円	**Quinientos mil yenes** キニエントス　ミル　ジェネス

⑧ 身の回りのものです。（持ち物についての問いに対する答え）

Son artículos personales.
ソン　アルティクロス　ペルソナレス

言い換え	友達へのお土産	**regalos para mis amigos** レガロス　パラ　ミス　アミゴス
	日本のお菓子	**dulces japoneses** ドゥルセス　ハポネセス
	常備薬	**medicinas para la salud** メディシナス　パラ　ラ　サルド
	化粧品	**artículos de belleza** アルティクロス　デ　ベジェサ

通貨を両替する

⑨ 両替所はどこですか。
¿Dónde está la oficina de cambio?
ドンデ　エスタ　ラ　オフィシナ　デ　カンビヨ

🔄 銀行　　　　　el banco
　　　　　　　　エル　バンコ

---

⑩ ユーロに換えてください。
Desearía euros.
デセアリア　エウロス

🔄 日本円　　　　yenes
　　　　　　　　ジェネス

　　ポンド　　　　libros
　　　　　　　　リブロス

　　現金　　　　　dinero en efectivo
　　　　　　　　ディネロ　エン　エフェクティボ

---

⑪ 領収書をください。
Desearía un recibo.
デセアリア　ウン　レシボ

🔄 小銭　　　　　monedas
　　　　　　　　モネダス

　　10ユーロ札　　billetes de diez euros
　　　　　　　　ビジェテス　デ　ディエス　エウロス

到着空港で

● 空港の単語

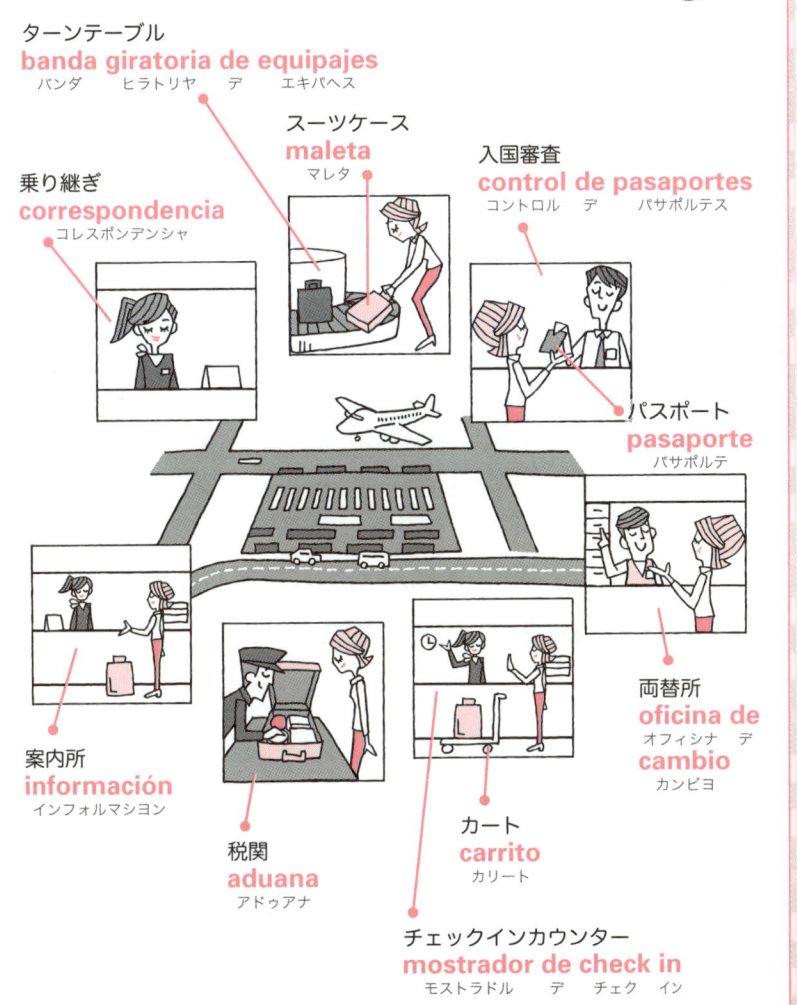

ターンテーブル
banda giratoria de equipajes
バンダ　ヒラトリヤ　デ　エキパヘス

スーツケース
maleta
マレタ

入国審査
control de pasaportes
コントロル　デ　パサポルテス

乗り継ぎ
correspondencia
コレスポンデンシャ

パスポート
pasaporte
パサポルテ

両替所
oficina de cambio
オフィシナ　デ　カンビヨ

案内所
información
インフォルマシヨン

税関
aduana
アドゥアナ

カート
carrito
カリート

チェックインカウンター
mostrador de check in
モストラドル　デ　チェク　イン

✈ ≫ 空港から市内へ

交通機関の場所を聞く

① **タクシー乗り場**はどこですか。
¿Dónde está la estación de taxis?
ドンデ　エスタ　ラ　エスタシヨン　デ　タクシス

言い換え

バス乗り場	**la parada de autobús** ラ　パラダ　デ　アウトブス
シャトルバス乗り場	**la parada del autobús del hotel** ラ　パラダ　デル　アウトブス　デル　オテル
RENFE	**la estación de RENFE** ラ　エスタシヨン　デ　レンフェ
レンタカーのカウンター	**la agencia de coches de alquiler** ラ　アヘンシャ　デ　コチェス　デ　アルキレル

② **プエルタ・デル・ソル**行きのバスはありますか。
¿Hay un autobús para la Puerta del Sol?
アイ　ウン　アウトブス　パラ　ラ　プエルタ　デル　ソル

言い換え

アトーチャ駅	**la Estación de Atocha** ラ　エスタシヨン　デ　アトチャ
スペイン広場	**la Plaza de España** ラ　プラサ　デ　エスパニヤ
プラド美術館	**el Museo del Prado** エル　ムセオ　デル　プラド
チャマルティン駅	**la Estación de Chamartín** ラ　エスタシヨン　デ　チャマルティン
マヨール広場	**la Plaza Mayor** ラ　プラサ　マヨル

空港から市内へ

タクシーの運転手に頼む

③ トランクを開けてください。
¿Puede abrir el maletero, por favor?
プエデ　アブリル　エル　マレテロ　ポル　ファボル

言い換え

もっとゆっくり走って	**conducir más despacio** コンドゥシル　マス　デスパシヨ
荷物を手伝って	**ayudarme con las maletas** アジュダルメ　コン　ラス　マレタス
ここに行って	**ir a ese lado** イル　ア　エセ　ラド
ここで停めて	**parar aquí** パラル　アキー

ひとくちメモ 「スペインのタクシー」

フロントガラスの上方にかけてあるプレートに［LIBRE］や［LLIUER］とでていれば「空車」です。夜間は屋根の上のランプが緑に点灯していれば空車を示します。ドアは手動なので自分で開けます。座席は日本と同じく後部座席から乗り込みます。

47

タクシー 定番フレーズ 🔊 CD1-38

- いくらくらいになりますか。　¿Cuánto será más o menos?
- 4人乗れますか。　¿Podemos subir cuatro personas?
- この住所に行ってください　A esta dirección, por favor.
- 渋滞ですか。　Hay un atascamiento de tráfico.
- いくらですか。　¿Cuánto es?
- ありがとう。おつりはとっておいてください。
  Gracias, quédese con el cambio.

場面別会話編

宿 泊

マドリードやバルセロナのホテルでは、たいてい英語が通じますが、日本語専門のスタッフがいるホテルというのはほとんどありません。地方では、英語も通じないことがよくあります。このコーナーの単語やフレーズを使って、用件をスペイン語で伝えましょう。

🏢 >> 問い合わせ

客室のタイプ　　　　　　　　　　　　　　　　　　　　　CD1-39

① ツインルームをお願いします。
Quisiera una habitación con dos camas.
キシエラ　ウナ　アビタシヨン　コン　ドス　カマス

シングルルーム	**individual** インディビドゥアル
ダブルルーム	**doble** ドブレ
トリプルルーム	**con tres camas** コン トレス カマス
禁煙ルーム	**de no-fumadores** デ ノ フマドレス
喫煙ルーム	**para fumadores** パラ フマドレス
町が見える部屋	**con vistas a la ciudad** コン ビスタス ア ラ シウダー
海が見える部屋	**con vistas hacia el mar** コン ビスタス アシア エル マル
庭が見える部屋	**con vistas al jardín** コン ビスタス アル ハルディン
バス付きの部屋	**con cuarto de baño** コン クアルト デ バニョ
シャワー付きの部屋	**con ducha** コン ドゥチャ
一番安い部屋	**lo más barata posible** ロ マス バラタ ポシブレ

問い合わせ

料金を聞く

② 一泊あたりいくらですか。
¿Cuánto cuesta hospedarse una noche por persona?
クァント　クエスタ　オスペダルセ　ウナ　ノチェ　ポル　ペルソナ

言い換え

エキストラベッド	una cama extra
	ウナ　カマ　エクストラ
朝食	el desayuno
	エル　デサジュノ

ひとくちメモ 「チップについて」
部屋の掃除やベッドのシーツ替え、それからコンシェルジュを利用したときなど、それらサービスに対して1～2ユーロのチップを渡すのがマナーです。

| 施設の有無を聞く |

3 スパはありますか。
¿Hay baño de aguas termales?
アイ　バニョ　デ　アグアス　テルマレス

プール	**piscina** ピスシナ
トレーニングジム	**sala de gimnasia** サラ デ ヒムナシヤ
マッサージルーム	**salón de masajes** サロン デ マサヘス
エステ	**salón de belleza** サロン デ ベジェサ
サウナ	**sauna** サウナ
レストラン	**restaurante** レスタウランテ
コーヒーラウンジ	**cafetería** カフェテリア
バー	**bar** バル
会議室	**sala de reuniones** サラ デ レウニヨネス

問い合わせ

● ホテルロビーの単語

CD1-41

ドアマン
portero
ポルテロ

レセプショニスト
recepcionista
レセプショニスタ

キャッシャー
cajero 男 /
カヘロ
cajera 女
カヘラ

コンシェルジュ
conserje
コンセルヘ

フロント
recepcíon
レセプション

ロビー
sala
サラ

ベルボーイ
portador de equipajes
ポルタドル　デ　エキパヘス

客室係
encargado de
エンカルガド　デ
habitaciones
アビタショネス

※女性は encargada de habitaciones
　　　　　　エンカルガダ

🏢 » フロントで

希望を伝える ● CD1-42

① チェックイン をしたいのですが。
Desearía hacer el check in.
デセアリア　　アセル　エル　チェク　イン

言い換え	
チェックアウトをする	**check out** チェク　アウト
予約をする	**reservar una habitación** レゼルバル　ウナ　アビタシヨン
キャンセルする	**anular mi reserva (de habitación)** アヌラル　ミ　レセルバ　デ　アビタシヨン
インターネットを使う	**usar Internet** ウサル　インテルネット
ファックスを送る	**enviar un fax** エンビアル　ウン　ファクス
部屋を替える	**cambiar de habitación** カンビアル　デ　アビタシヨン
日本に電話をする	**telefonear a Japón** テレフォネアル　ア　ハポン
現金で支払う	**pagar en efectivo** パガル　エン　エフェクテボ
クレジットで支払う	**pagar con tarjeta** パガル　コン　タルヘタ
もう1泊する	**quedarme otra noche más** ケダルメ　オトラ　ノチェ　マス
予定より1日早く発つ	**salir un día antes de lo previsto** サリル　ウン　ディア　アンテス　デ　ロ　プレビスト
先程の係の人と話す	**hablar con la persona de hace un momento** アブラル　コン　ラ　ペルソナ　デ　アセ　ウン　モメント
荷物を預ける	**dejar mi equipaje aquí** デハル　ミ　エキパヘ　アキー

② 鍵をください。
¿Puede darme la llave?
プエデ　　　ダルメ　　　ラ　　ジャベ

言い換え		
	地図	**un mapa / un plano** ウン　マパ　　ウン　プラノ
	領収書	**un recibo** ウン　レシボ
	名刺	**su tarjeta de visita** ス　タルヘタ　デ　ビシタ

③ 部屋に付けてもらえますか。
¿Puede ponerlo a mi cuenta?
プエデ　　　ポネルロ　　ア　ミ　　クエンタ

言い換え		
	荷物を預かって	**guardar mi equipaje** グァルダル　ミ　エキパヘ
	タクシーを呼んで	**llamar un taxi** ジャマル　ウン　タクシー

館内設備の場所を聞く

4 レストランはどこですか。
¿Dónde está el restaurante?
ドンデ　　エスタ　　エル　　　レスタウランテ

エレベーター	**el ascensor** エル　アスセンソル
サウナ	**la sauna** ラ　サウナ
バー	**el bar** エル　バル
プール	**la piscina** ラ　ピスシナ
スパ	**el spa** エル　スパ
ジム	**la sala de gimnasia** ラ　サラ　デ　ジムナシア
美容室	**el salón de belleza** エル　サロン　デ　ベジェサ
会議室	**la sala de reuniones** ラ　サラ　デ　レウニヨネス
宴会場	**la sala de banquetes** ラ　サラ　デ　バンケテス
お手洗い	**los servicios** ロス　セルビシオス (**Dónde está** が **Dónde están** となります) ドンデ　エスタン

🏨 >> 部屋で

使いたいと伝える　CD1-44

① アイロンを使いたいのですが。
¿Puede traerme una plancha, por favor?
プエデ　トラエルメ　ウナ　プランチャ
ポル　ファボル

言い換え

ドライヤー	**un secador (de pelo)** ウン　セカドル　デ　ペロ
体温計	**un termómetro** ウン　テルモメトロ
プラグの変換	**un adaptador para el enchufe** ウン　アダプタドル　パラ　エル　エンチュフェ
湯沸かしポット	**agua caliente para el té** アグア　カリエンテ　パラ　エル　テ

欲しいと伝える

② タオルをもう一枚ください。
¿Puede traerme una toalla más?
プエデ　　　トラエルメ　　　ウナ　　トアジャ　　マス

毛布をもう一枚	**una manta** ウナ　マンタ
シーツをもう一枚	**una sábana** ウナ　サバナ
シャンプー	**champú** チャンプー
リンス	**suavizante** スワビサンテ
石けん	**una pastilla de jabón** ウナ　パスティジャ　デ　ハボン
トイレットペーパー	**papel higiénico** パペル　イヒエニコ
便せん	**papel de escribir** パペル　デ　エスクリビル
封筒	**sobres** ソブレス

部屋で

朝食を注文する

③ クロワッサンを2つください。
Dos croasans, por favor.
ドス　　　コロアサンス　　　ポル　　ファボル

言い換え

コーヒー	**Café** カフェ
紅茶	**Té** テ
ミルク	**Leche** レチェ
オレンジジュース	**Zumo de naranja** スモ　デ　ナランハ
ヨーグルト	**Yogur** ジョグル
シリアル	**Cereales** セレアレス
オムレツ	una tortilla ウナ　トルティジャ
ポーチドエッグ	un huevo escalfado ウン　ウエボ　エスカルファド
目玉焼き	un huevo frito ウン　ウエボ　フリト
ゆで卵	un huevo duro ウン　ウエボ　ドゥロ

機内・空港／宿泊／飲食／買い物／観光／トラブル

● ホテルの部屋の単語

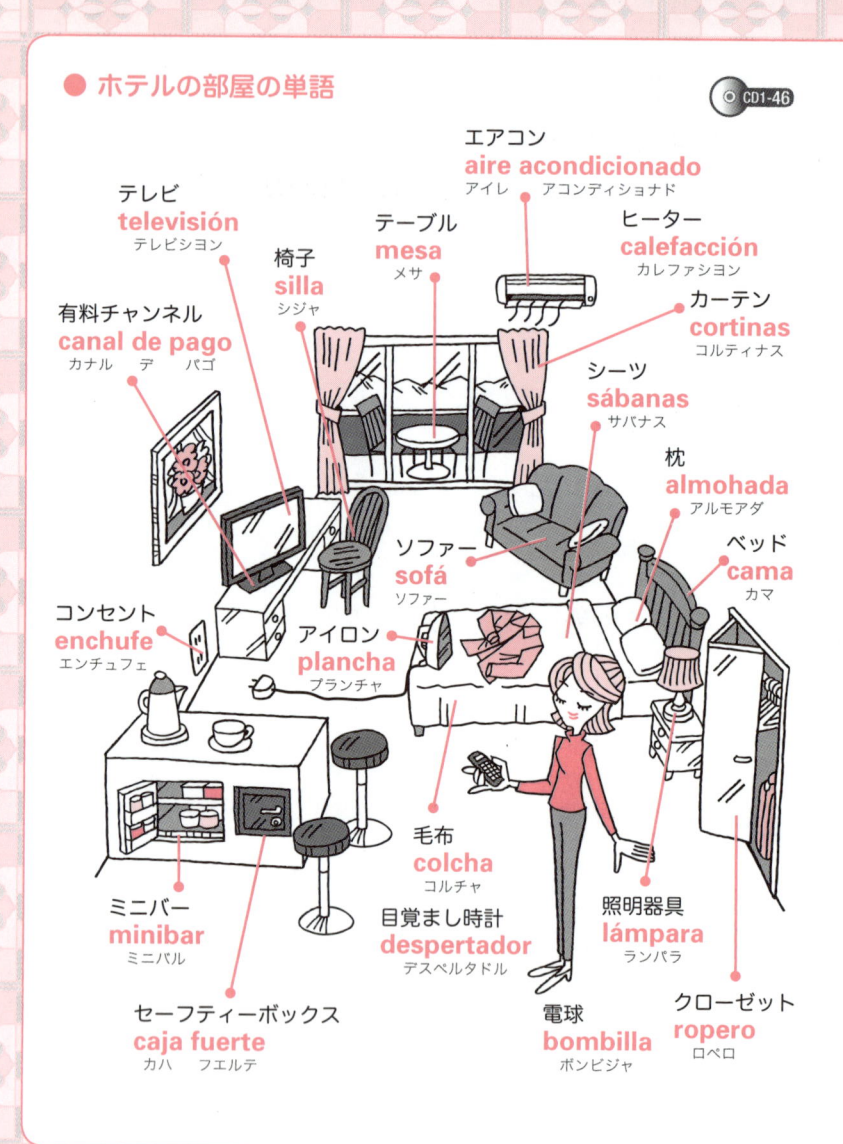

- テレビ **televisión** テレビション
- 有料チャンネル **canal de pago** カナル デ パゴ
- 椅子 **silla** シジャ
- テーブル **mesa** メサ
- エアコン **aire acondicionado** アイレ アコンディショナド
- ヒーター **calefacción** カレファシヨン
- カーテン **cortinas** コルティナス
- シーツ **sábanas** サバナス
- 枕 **almohada** アルモアダ
- ソファー **sofá** ソファー
- ベッド **cama** カマ
- コンセント **enchufe** エンチュフェ
- アイロン **plancha** プランチャ
- ミニバー **minibar** ミニバル
- 毛布 **colcha** コルチャ
- 目覚まし時計 **despertador** デスペルタドル
- 照明器具 **lámpara** ランパラ
- セーフティーボックス **caja fuerte** カハ フエルテ
- 電球 **bombilla** ボンビジャ
- クローゼット **ropero** ロペロ

● バスルームの単語

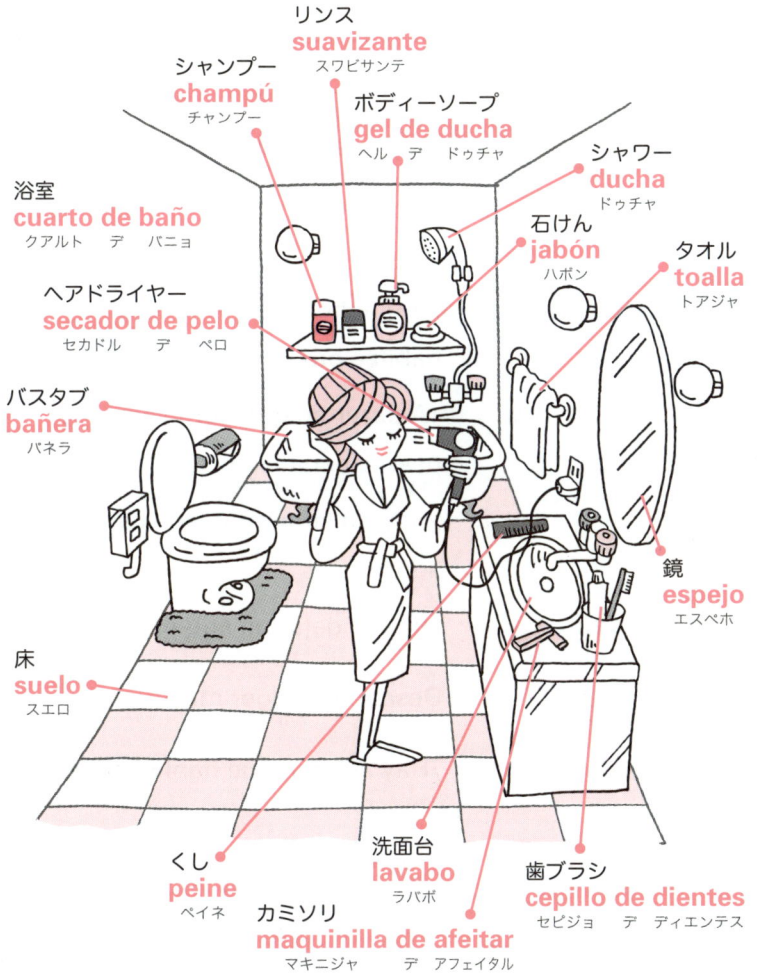

🔴 CD1-47

リンス
suavizante
スワビサンテ

シャンプー
champú
チャンプー

ボディーソープ
gel de ducha
ヘル デ ドゥチャ

シャワー
ducha
ドゥチャ

浴室
cuarto de baño
クアルト デ バニョ

石けん
jabón
ハボン

タオル
toalla
トアジャ

ヘアドライヤー
secador de pelo
セカドル デ ペロ

バスタブ
bañera
バネラ

鏡
espejo
エスペホ

床
suelo
スエロ

くし
peine
ペイネ

洗面台
lavabo
ラバボ

歯ブラシ
cepillo de dientes
セピジョ デ ディエンテス

カミソリ
maquinilla de afeitar
マキニジャ デ アフェイタル

フロントで使う 定番フレーズ

- 予約しておいた田中です。 — He reservado a nombre de Tanaka.
- 空いている部屋はありますか。 — ¿Tiene todavía habitaciones (libres)?
- 2泊したいです。 — Desearía quedarme dos noches.
- すぐ部屋に入れますか。 — ¿Se puede usar la habitación inmediatamente?
- 何時から部屋に入れますか。 — ¿A qué hora se puede usar la habitación?
- 何時に部屋を出なければなりませんか。 — ¿A partir de qué hora se puede usar la habitación?
- 近くにスーパーマーケットはありますか。 — ¿Hay un supermercado cerca de aquí?
- 荷物を預けておいてもいいですか。 — ¿Puedo dejar mi equipaje aquí?
- 預けておいた荷物を受け取りたいです — Desearía recoger mi equipaje.
- 日本語が話せる人はいますか。 — ¿Hay alguien que hable japonés?

部屋で／トラブル

≫ トラブル

故障している

① 電話が壊れています。
El teléfono no funciona.
エル　テレフォノ　ノ　フンショナ

テレビ	**la televisión** ラ　テレビシヨン
エアコン	**el aire acondicionado** エル　アイレ　アコンディシオナド
鍵	**la llave** ラ　ジャベ
セーフティーボックス	**la caja fuerte** ラ　カハ　フエルテ
ミニバー	**el minibar** エル　ミニバル
目覚まし時計	**el despertador** エル　デスペルタドル
ドアロック	**la cerradura** ラ　セラドゥラ

困ったときの定番フレーズ

- お湯が出ません。
  No hay agua caliente.
- トイレの水が流れません。
  El agua del WATER no corre; está atascado.
- 電球が切れています。
  La bombilla está fundida.
- 部屋がタバコ臭いです。
  Mi habitación huele a tabaco.
- インターネットがつながりません。
  No funciona internet.
- 鍵を部屋の中に置いて来てしまいました。
  He olvidado la llave dentro de la habitación.
- 部屋の鍵をなくしてしまいました。
  He perdido la llave de mi habitación.
- ドアが開きません。
  No se puede abrir la puerta.
- 隣の部屋がうるさいです。
  Hacen mucho ruido en el cuarto contiguo.
- 部屋が汚れています。
  La habitación no está limpia.
- 暑すぎます。
  Hace mucho calor (en la habitación).
- 寒すぎます。
  Hace mucho frío (en la habitación).

Jリサーチ出版

各国語
你好　안녕하세요　Bonjour　¡ Hola　Ciao
出版案内

ホームページ **http://www.jresearch.co.jp**
ツイッター　**公式アカウント @Jresearch_**
　　　　　　https://twitter.com/Jresearch_

〒166-0002　東京都杉並区高円寺北 2-29-14-705
TEL.03-6808-8801 ／ FAX.03-5364-5310（代）
TEL.03-6808-8806 ／ FAX.03-3223-3455（編集）

(2015年3月1日現在)

中国語 漢語

ゼロからスタートシリーズ

だれでも覚えられるゼッタイ基礎ボキャブラリー
ゼロからスタート中国語単語BASIC1400 【単語】

王 丹 著　Ａ５変型／1600円（税抜）

中国語の基礎になる1400語を生活でよく使う例文とともに覚えられる1冊。基本的な動詞・助動詞・副詞・形容詞をはじめ、家・旅行・ファッション・食事・ビジネスなどの生活話がバランスよく身につく。四声、ピンイン、語順、基礎文法も紹介。
ＣＤ：発音　項目名（日本語）→発音（中国語）
各章　項目名（日本語）→単語（中国語）→意味（日本語）→例文（中国語）

だれにでもわかる文法と発音の基本ルール
新 ゼロからスタート中国語文法編 【文法】

王 丹 著　Ａ５判／1200円（税抜）

中国語の基本を身につけるビギナーにぴったりの1冊。初学者必須の「発音」と「文法」の両方がマスターできる。書き込むスタイルのエクササイズが用意されていて、文法知識を定着させながら、「簡体字」も覚えることができる。ＣＤで発音とリスニングの練習ができるほか、単語力強化にも役立つ。中国語検定4級に対応。
ＣＤ：発音編　中国語の母音・子音、発音練習（中国語）
文法編　例文（中国語）、単語（中国語・日本語）

だれでも話せる基本フレーズ20とミニ会話24
ゼロからスタート中国語会話編 【会話】

郭 海燕・王 丹 共著　Ａ５判／1400円（税抜）

中国語を学び始める人のための会話入門書。会話の基礎となる20のキーフレーズに単語を入れ替えて、繰り返し話す練習でだれでも自然に身につけられる。後半では、日常生活や旅行で使えるリアルな会話を練習。「文法コーナー」や「中国の小知識」のコラムも充実。
ＣＤ：発音　項目名（日本語）→発音（中国語）
会話　項目名（日本語）→フレーズ・例文（中国語）

初級から中級にステップアップする34の文法のルール
ゼロからスタート中国語文法応用編 【文法】

郭 海燕・王 丹 共著　Ａ５判／1400円（税抜）

『ゼロからスタート中国語　文法編』の続編。初級から中級へステップアップをはかるための1冊。34の文法公式で基礎を固める。文法用語にふりがな、中国語例文にカタカナ付。書いて覚える練習問題で、漢字も自然に身につけられる。
ＣＤ：発音　項目名（日本語）→発音（中国語）
文法　単語・フレーズ・例文（中国語）→解説文・訳の読み上げ（日本語）

韓国語 한국어

会話力を身につける!

すぐに使える韓国語会話ミニフレーズ2200 [CD2枚付]
【会話】
鶴見 ユミ 著　四六変型／1600円（税抜）
挨拶から日常生活・旅行・冠婚葬祭まで、よく使われるフレーズ2200をシーン別に収録。丁寧語・タメ語マークやフリガナつきで初心者も安心。
ＣＤ：見出し（日本語）→例文（韓国語のみ）

短いフレーズで日常・韓国旅行までらくらく使える
魔法の韓国語会話 超カンタンフレーズ500 [CD付]
【会話】
鶴見 ユミ 著　四六変型／1000円（税抜）
魔法の会話表現を50パターン覚えるだけで、その9倍のフレーズをカンタンにマスターできる1冊!フレーズは短くて覚えやすく、すぐに使える表現を厳選。
ＣＤ：500フレーズ　日本語　→　韓国語　→　リピートポーズ

中級レベル

46テーマの長文で単語力と読む力を身につける
韓国語単語スピードマスター 中級2000 [CD2枚付]
【単語】
鶴見 ユミ 著　Ａ５変型／1800円(税抜)
生活・ビジネス・ニュース・文化など全46テーマの対話文とパッセージを読みながら覚えられる単語集。文章を読む力を鍛えたい人やリスニング学習にも効果的。検定にも対応。
ＣＤ：全ユニットの対話文とパッセージをネイティブスピードよりややゆっくりめで収録。

日本の漢字を使って韓単語を超速で増強する!
韓国語単語スピードマスター 漢字語3300 [CD2枚付]
【単語】
鶴見 ユミ 著　Ａ５変型／1600円（税抜）
ハングル表記されている漢字語「道」をマスターすれば「歩道」「道場」など組み合わせでどんどん応用がきく。日本人だからできる暗記に頼らない語彙増強法。
ＣＤ：見出し語約2500語　韓国語⇒日本語

その他

独学でカンタンマスター
夢をかなえる韓国語勉強法
鶴見 ユミ 著　四六変型　1400円（税抜）
鶴見先生の経験や知識を惜しみなく注ぎこんだ韓国語学習の指南書。

韓国恋愛事情まるわかり
男と女のLOVE×LOVE 韓国語会話 [CD付]
イ・ジョンウン 著　四六変型　1400円（税抜）
韓国ドラマやK-POP好き、韓国人の恋人を作りたい人へオススメ。

3週間で誰でも韓国語の基礎がマスターできる
韓国語学習スタートブック 超入門編 [CD付]
安 垠姫 著　Ｂ５判1000円（税抜）

3週間で初級レベルの文法・フレーズ・会話が身につく!
韓国語学習スタートブック 初級編 [CD付]
安 垠姫 著　Ｂ５判1000円（税抜）

フランス語 *français*

ゼロからスタートシリーズ

だれでも覚えられるゼッタイ基礎ボキャブラリー 【単語】
ゼロからスタート フランス語 単語BASIC1400 CD付

アテネ・フランセ責任編集　松本悦治監修　島崎貴則　著
A5変型／1600円（税抜）
1冊で全ての基礎語をカバー。日本におけるフランス語教育の最高峰、アテネ・フランセの実践的で効率的なボキャブラリー増強法。重要語には用法・語法など詳しい解説付き。例文は日常生活でそのまま使える。CDで耳からの学習にも対応。
CD：項目名（日本語）→単語原型（フランス語）→意味（日本語）→例文（フランス語）

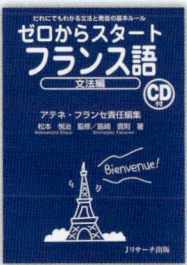

だれにでもわかる文法と発音の基本ルール 【文法】
ゼロからスタート フランス語 文法編 CD2枚付

アテネ・フランセ責任編集　松本悦治監修　島崎貴則　著
A5判／1400円（税抜）
フランス語入門者向けの最初の1冊。発音のしくみをていねいに解説。40の文法公式で基礎がすっきりマスターできる。同時に、生活でよく使う単語、会話フレーズも気軽に覚えられる。例文にカタカナ、文法用法にふりがな付。CDを聞くだけで総復習ができる。
CD：発音　項目名（日本語）→発音（フランス語）／文法　項目名（日本語）→単語・例文（フランス語）

ボンジュールから始めて
日常会話・旅行会話が話せる 【会話】
ゼロからスタート フランス語 会話編 CD付

アテネ・フランセ責任編集　松本悦治監修　鈴木文恵　著
A5判／1400円（税抜）
フランス語を学び始める人のための会話入門書。お礼、質問、頼みごとなど25のテーマで話し方の基本がきちんと身につく。旅行、日常でよく使う13テーマの単語コーナーと22のミニ会話も収録。CDを使って発音からしっかり学べる。
CD：見出し語（日本語）→フレーズ（日本語（※第一、二、五章のみ）→フランス語）

場面別会話編

飲 食

旅の楽しみの一つにその土地の料理を味わうことがあります。海の幸がおいしい地中海料理や、、カフェ・バルでのくつろぎもスペインならではの楽しみですね。

🍴 >> 店を探す

店を探す　　　　　　　　　　　　　　　　　　　　CD1-51

① 二ツ星レストランはありますか。

¿Hay un restaurante de dos tenedores?
アイ　ウン　レスタウランテ　デ　ドス　テネドレス

言い換え	イタリア料理	**italiano** イタリアノ
	中華料理	**chino** チノ
	ベトナム料理	**vietnamita** ビエットナミタ
	スペイン料理	**español** エスパニョル
	日本料理	**japonés** ハポネス
	バスク料理	**vasco** バスコ
	三ツ星	**de tres tenedores** デ トレス テネドレス
	お勧めの	**que pueda recomendarme** ケ プエダ レコメンダルメ
	ベジタリアン	**para vegetarianos** パラ ベヘタリヤノス
	郷土料理	**de cocina regional** デ コシナ レヒヨナル

② おいしいレストランを探しています。
Busco un buen restaurante.
ブスコ　　ウン　　ブエン　　　レスタウランテ

あまり高くないレストラン	**un restaurante no muy caro** ウン　レスタウランテ　ノ　ムイ　カロ
おしゃれなレストラン	**un restaurante elegante** ウン　レスタウランテ　エレガンテ
おしゃれなカフェ	**un café elegante** ウン　カフェ　エレガンテ
おいしいバル	**un buen bar** ウン　ブエン　バル
チュロス専門店	**una tienda de churros** ウナ　ティエンダ　デ　チューロス
ジェラート店	**una heladería** ウナ　エラデリア
ワインバー	**un bar (de buen vino)** ウン　バル　デ　ブエン　ビノ
ファーストフード店	**una tienda de comida rápida** ウナ　ティエンダ　デ　コミダ　ラピダ

カフェで

飲み物を注文する

コーヒーをお願いします。
① Un café, por favor.
ウン　カフェ　ポル　ファボル

エスプレッソ	un (café) exprés ウン　カフェ　エクスプレス
アイスコーヒー	un café con hielo ウン　カフェ　コン　イエロ
カフェオレ	un café con leche ウン　カフェ　コン　レチェ
紅茶	un té ウン　テ
レモンティー	un té con limón ウン　テ　コン　リモン
ホットココア	un chocolate caliente ウン　チョコラテ　カリエンテ
フレッシュオレンジジュース	un zumo de naranjas ウン　スモ　デ　ナランハス recién exprimidas レシエン　エスプリミダス
リンゴジュース	un zumo de manzana ウン　スモ　デ　マンサナ
コーラ	una cocacola ウナ　コカコラ
レモネード	una limonada ウナ　リモナダ
生ビール	una cerveza de barril ウナ　セルベサ　デ　バリール
ハーブティー	una infusión ウナ　インフシヨン

食べ物を注文する

② ハムサンドをお願いします。※ボカディジョはハムのサンドイッチです

Un bocadillo, por favor.
ウン　　ボカディジョ　　ポル　　ファボル

包み焼きパイ	**una empanada** (ウナ エンパナダ)
スペイン風オムレツ	**una tortilla** (ウナ トルティジャ)
グリーンサラダ	**una ensalada** (ウナ エンサラダ)
フライドポテト	**unas patatas fritas** (ウナス パタタス フリタス)
チュロス	**unos churros** (ウノス チューロス)
ジェラート	**un helado** (ウン エラド)
クロワッサン	**un croasán** (ウン クロワサン)
ハンバーガー	**una hamburguesa** (ウナ アンブルゲッサ)

席のリクエストをする

③ **窓に近い席**をお願いします。
Desearía una mesa cerca de la ventana.
デセアリア　ウナ　メサ　セルカ　デ　ラ　ベンタナ

言い換え	テラス席	**en la terraza** エン ラ テラッサ
	静かな席	**tranquila** トランキラ
	奥の席	**al fondo** アル フォンド
	禁煙席	**de no-fumador** デ ノ フマドル
	喫煙席	**de fumador** デ フマドル

ひとくちメモ 「レストランの営業時間について」

スペインの一般的なレストランの営業時間は、昼食が午後1時から5時、夕食が8時から深夜にかけてと、日本と比べるとかなり遅めです。お目当てのお店がある方は事前に営業時間も確認しておきましょう。

メニューを頼む

(4) メニューをください。
¿Puede traerme la carta, por favor?
プエデ　　トラエルメ　　ラ　カルタ　　ポル　ファボル

言い換え		
日本語のメニュー	**la carta en japonés** ラ　カルタ　エン　ハポネス	
英語のメニュー	**la carta en inglés** ラ　カルタ　エン　イングレス	
ドリンクメニュー	**la carta de bebidas** ラ　カルタ　デ　ベビダス	
コースメニュー	**la carta de comidas** ラ　カルタ　デ　コミダス	
ワインメニュー	**la carta de vinos** ラ　カルタ　デ　ビノス	
デザートメニュー	**la carta de postres** ラ　カルタ　デ　ポストレス	

● メニューに書いてある単語

Menú

コース料理	**platos** プラトス
オードブル	**aperitivos** アペリティボス
前菜	**entradas** エントラダス
メインディッシュ	**platos principales** プラトス プリンシパレス
本日の料理	**plato del día** プラト デル ディア
魚料理	**pescado** ペスカド
肉料理	**carne** カルネ
野菜	**legumbres** レグンブレス
チーズ	**quesos** ケソス
デザート	**postres** ポストレス
飲み物	**bebidas** ベビダス

レストランを予約するとき・レストランに入るときの定番フレーズ

- 予約したいのですが。 — Desearía hacer una reserva.
- 今晩です。 — Es para esta noche.
- 予約しています。 — He reservado una mesa.
- 予約していませんが、大丈夫ですか。 — No he reservado, pero ¿tienen todavía sitio?
- 2名です。 — Somos dos.
- 食事はできますか。 — ¿Se puede comer?
- 飲み物だけでも大丈夫ですか。 — ¿Se puede tomar sólo bebidas?
- どのくらい待ちますか。 — ¿Cuánto tiempo hay que esperar?
- 急いで食べたいのですが、大丈夫ですか。 — Debo comer pronto, ¿se puede?

飲み物を頼む CD1-56

⑤ 赤ワインをボトルでいただきます。
Tráigame una botella de tinto.
トライガメ　　　ウナ　　　ボテジャ　デ　ティント

ロゼワインをハーフボトルで	**media botella de rosado** メデヤ　ボテジャ　デ　ロサド
白ワインをカラフで	**una garrafa de blanco** ウナ　ガラファ　デ　ブランコ
カバをグラスで	**una copa de Cava** ウナ　コパ　デ　カバ (主にカタルーニャ地方で生産されるスパークリングワイン)
シードルをピッチャーで	**una jarra de sidra** ウナ　ハラ　デ　シドラ
食前酒	**un aperitivo** ウン　アペリティボ
食後酒	**una copa en la sobremesa** ウナ　コパ　エン　ラ　ソブレメサ
コニャック	**cognac** コニャック
カルバドス	**licor de manzana** リコル　デ　マンサナ
ウィスキー	**whisky** ウイスキ
ミネラルウォーター	**agua mineral (sin gas)** アグア　ミネラル　シン　ガス
ミネラルウォーター炭酸入り	**agua mineral con gas** アグア　ミネラル　コン　ガス

カフェで

ワインについて

6 **シェリー**をお願いします。
Vino de Jerez, por favor.
ビノ　デ　ヘレス　ポル　ファボル

辛口	**un vino seco** ウン ビノ セコ
甘口	**un vino dulce** ウン ビノ ドゥルセ
お勧めのワイン	**un vino que me recomiende** ウン ビノ ケ メ レコミエンデ
この料理に合うワイン	**un vino que vaya bien con este plato** ウン ビノ ケ バヤ ビエン コン エステ プラト

前菜を注文する

7 **ガスパチョ**をお願いします。（野菜の冷製スープのこと）
Un gazpacho, por favor.
ウン　ガスパチョ　ポル　ファボル

生野菜の盛り合わせ	**un plato de verduras frescas** ウン プラト デ ベルドゥラス フレスカス
ほうれん草の炒めもの	**espinacas a la catalana** エスピナカス ア ラ カタラナ
タライモの揚げもの	**buñuelos de bacalao** ブニュエロス デ バカラオ
ヒヨコ豆と肉の煮込み	**cocido** コシード
トマトのスープ	**salmorejo** サルモレホ

メインディッシュを注文する

⑧ 魚貝のパエリアをお願いします。

Paella de mariscos, por favor.
パエジャ　デ　マリスコス　ポル　ファボル

イカ墨のパエリア	**Paella negra** パエジャ ネグラ
野菜のパエリア	**Paella de verduras** パエジャ デ ベルドゥーラス
ミックスパエリア	**Paella mixta** パエジャ ミクスタ
ロブスターのパエリア	**Paella de langosta** パエジャ デ ランゴスタ
パスタのパエリア	**Fideuá a banda** フィデウア ア バンダ
キノコとタラのパエリア	**Paella de setas y bacalao** パエジャ デ セタス イ バカラオ
アロス・ア・バンダ	**Arroz a banda** アロス ア バンダ ※ブイヤーベースのスープで炊きあげたパエリアのこと
このパエリア	**Esta paella** エスタ パエジャ

ひとくちメモ

取り皿に分けて食べたい時はこう言いましょう。

Compartiremos esta comida. （この料理を分けて食べます）
コンパルティレモス　エスタ　コミダ

カフェで

タパスを注文する

⑨ **ケソ・マンチェゴ**をお願いします。　　※ヤギのチーズのことでバルの定番

Queso manchego, por favor.
　ケソ　　　　　　マンチェゴ　　　　ポル　　ファボル

チョリソ	**Chorizo** チョリソー
生ハム	**Jamón serrano** ハモン　セラーノ
カタクチイワシのフライ	**Unos boquerones fritos** ウノス　ボケロネス　フリトス
イカリングのフライ	**Unos calamares fritos** ウノス　カラマレス　フリトス
白身魚のフライ	**Merluza frita** メルルーサ　フリタ
牛肉の串焼き	**Un pincho moruno** ウン　ピンチョ　モルーノ
ミートボール	**Unas albóndigas** ウナス　アルボンディガス
アサリの漁師風煮込み	**Unas almejas a la marinera** ウナス　アルメハス　ア　ラ　マリネラ

デザートを注文する

⑩ **クレームブリュレ**をお願いします。

Una crema caramelizada, por favor.
ウナ　　クレマ　　　カラメリサダ　　　　　ポル　　ファボル

アイスクリーム	**Helado** エラド
シャーベット	**Sorbete** ソルベテ

77

料理の感想を言う

11 おいしいです。
Está muy bueno.
エスタ　ムイ　ブエノ
Está muy rico.
エスタ　ムイ　リコ

すごくおいしい	**delicioso** デリシヨソ
スパイシー	**sabor de especias** サボル　デ　エスペシャス
塩からい	**salado** サラド
甘い	**dulce** ドゥルセ
味が濃い	**sabor fuerte** サボル　フエルテ
かたい	**duro** ドゥロ
熱い	**caliente** カリエンテ
さめている	**frío** フリオ
脂っこい	**grasiento** グラシエント

カフェで

● レストランの店内の単語　　　CD1-59

ウェイトレス
camarera
カマレラ

メニュー
carta del menú
カルタ　デル　メヌ

ウェイター
camarero
カマレロ

シェフ
jefe de cocina
ヘフェ　デ　コシナ

スプーン
cuchara
クチャラ

グラス（脚つき）
copa
コパ

ナイフ
cuchillo
クチジョ

グラス（脚なし）
vaso
バソ

ナプキン
servilleta
セルビジェタ

皿
plato
プラト

フォーク
tenedor
テネドル

レストランでの 定番フレーズ

- これは何ですか。 ¿Qué es esto?
- これは量がありますか。 ¿Es mucho?
- これは味が濃いですか。 ¿Está fuerte el sabor?
- 注文したものが来ていません。 Todavía no me han traído lo que pedí.
- これは注文していません。 Yo no he pedido ésto.
- パンをお願いします。 Pan, por favor.
- とてもおいしかったです。 Ha estado muy bueno.
- お勘定をお願いします。 La cuenta, por favor.
- 別々に支払います。 Pagamos separadamente.
- 計算ミスだと思います。 Creo que hay un error.

場面別会話 編

買い物

スペインには日本でも有名な ZARA などファッションのブランド店があります。お気に入りの一品を見つけたら、スペイン語での買い物にチャレンジしてみましょう。

🎁 » 店を探す

店を探す CD1-61

① 市場はどこですか。
¿Dónde está el mercado?
ドンデ　　エスタ　　エル　　メルクド

言い換え

スーパーマーケット	**el supermercado** エル　スペルメルカド	
商店街	**la calle comercial** ラ　カジェ　コメルシャル	
ショッピングモール	**el centro comercial** エル　セントロ　コメルシャル	
デパート	**los Grandes** ロス　グランデス **Almacenes** アルマセネス	

（ここから下は **está** が **están** になります）
エスタン

チーズ専門店	**tienda de quesos** ティンダ　デ　ケソス	
ワイン専門店	**tienda de vinos** ティンダ　デ　ビノス	
免税店	**libre de impuestos** リブレ　デ　インプエストス	
ブランド店	**tienda de marcas** ティンダ　デ　マルカス **famosas** ファモサス	

店を探す

売り場を探す

② **婦人服売り場**はどこですか。
¿Dónde está la tienda de ropa de señora?
ドンデ　エスタ　ラ　ティエンダ　デ　ロバ
デ　セニョラ

紳士服	**caballero** カバジェロ
子供服	**niños** ニニョス
スポーツウェア	**deportes** デポルテス
婦人靴	**zapatos de señora** サパトス　デ　セニョーラ
紳士靴	**zapatos de caballero** サパトス　デ　カバジェロ
バッグ	**carteras y maletas** カルテラス　イ　マレタス
アクセサリー	**bisutería** ビステリア
化粧品	**antículos de belleza** アンチクロス　デ　ベジェサ
服飾雑貨	**accesorios de vestidos** アクセソリヨス　デ　ベスティドス
食器	**vajilla** バヒジャ
インテリア用品	**decoración interior** デコラシヨン　インテリヨル

洋服・雑貨などの専門店で

服を買う

① Tシャツはありますか。

¿Tienen (ustedes) camisetas de verano?
ティエネン　ウステデス　カミセタス　デ　ベラノ

※ ustedes は省略できます

言い換え		
ジャケット	**chaquetas** チャケタス
スーツ	**trajes** トラヘス
ワイシャツ	**camisas** カミサス
ブラウス	**blusas** ブルサス
ワンピース	**vestidos** ベスティドス
パンツ	**pantalones** パンタロネス
ジーンズ	**vaqueros** バケロス
スカート	**faldas** ファルダス
セーター	**jerseys** ヘルセイス
コート	**abrigos** アブリゴス

洋服・雑貨などの専門店で

● 服飾店の単語

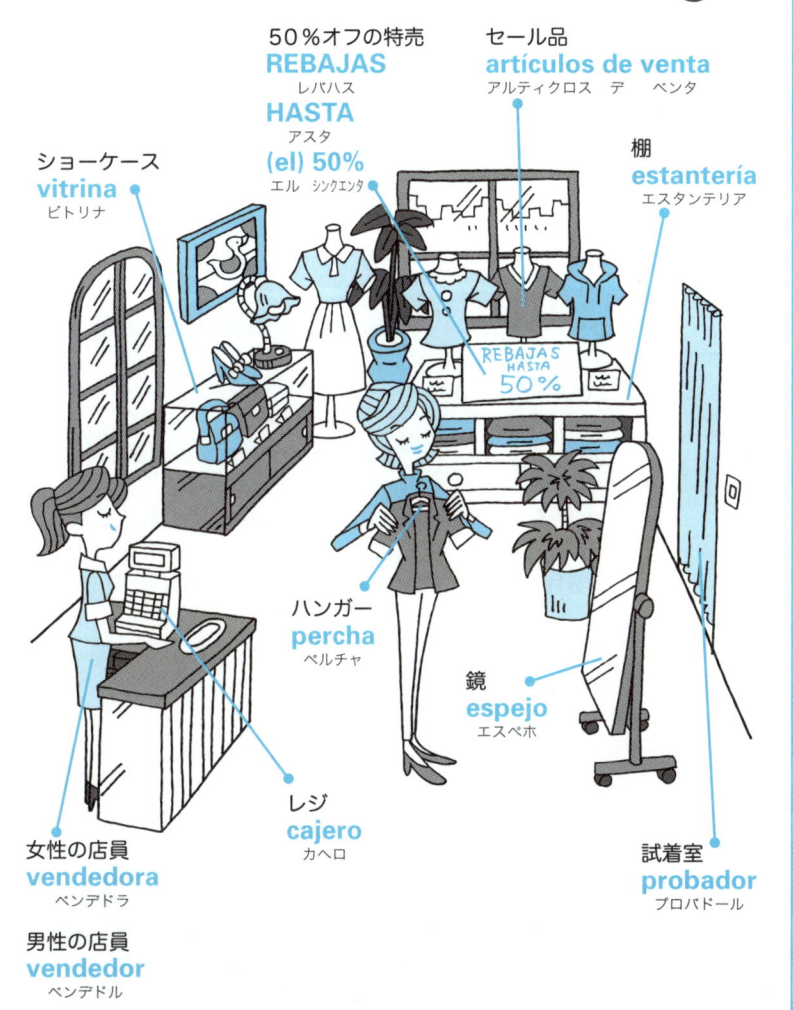

🄲 CD1-63

50％オフの特売
REBAJAS
レバハス
HASTA
アスタ
(el) 50%
エル シンクエンタ

セール品
artículos de venta
アルティクロス　デ　ベンタ

ショーケース
vitrina
ビトリナ

棚
estantería
エスタンテリア

ハンガー
percha
ペルチャ

鏡
espejo
エスペホ

レジ
cajero
カヘロ

女性の店員
vendedora
ベンデドラ

男性の店員
vendedor
ベンデドル

試着室
probador
プロバドール

85

デザインについて尋ねる

CD1-64

② Vネックの服はありますか。
¿Tiene un vestido con escote en V?
ティエネ　ウン　ベスティド　コン　エスコテ　エン　ウベ

🔄 言い換え

丸首	**con escote redondo** コン　エスコテ　レドンド
タートルネック	**con cuello de pico** コン　クエジョ　デ　ピコ
ハイネック	**con cuello alto** コン　クエジョ　アルト
半袖	**de manga corta** デ　マンガ　コルタ
長袖	**de manga larga** デ　マンガ　ラルガ
七分袖	**de media manga** デ　メディア　マンガ
ノースリーブ	**sin mangas** シン　マンガス

ひとくちメモ 「ブティックの買い物マナー」

気になる洋服があったらサイズ感を試しておきましょう。店員さんに一言、〈¿Puedo probármelo?〉（試着してもいいですか?）と言いましょう。
プエド　プロバルメロ

洋服・雑貨などの専門店で

生地について尋ねる

3 これは**シルク**ですか。
¿Es de seda?
エス デ セダ

綿	**algodón** アルゴドン
麻	**lino** リノ
ウール	**lana** ラナ
革	**cuero** クエロ
カシミア	**cachemira** カチェミラ
本物の毛皮	**piel auténtica** ピエル アウテンティカ
合成繊維	**tejido sintético** テヒド シンテティコ

色について尋ねる

4. これで赤はありますか。
¿Lo tiene en rojo?
ロ　ティエネ　エン　ロホ🎵

黄色	**amarillo** アマリジョ
緑	**verde** ベルデ
青	**azul** アスル
ピンク	**rosa** ロサ
オレンジ	**naranja** ナランハ
黒	**negro** ネグロ
白	**blanco** ブランコ
紫	**morado** モラド
グレイ	**gris** グリス
茶	**marrón** マロン
ベージュ	**beis** ベイス

洋服・雑貨などの専門店で

サイズについて尋ねる

5 これの**Sサイズ**はありますか。
¿Lo tiene en la talla S?
ロ　ティエネ　エン　ラ　タジャ　エセ

言い換え	Mサイズ	**la talla M** ラ　タジャ　エメ
	Lサイズ	**la talla L** ラ　タジャ　エレ
	これより小さいもの	**una talla más** ウナ　タジャ　マス **pequeña** ペケーニャ
	これより大きいもの	**una talla más grande** ウナ　タジャ　マス　グランデ
	これより長いもの	**más largo** マス　ラルゴ
	これより短いもの	**más corto** マス　コルト

ひとくちメモ「サイズについて」

スペインでは、36、38、40…のようなサイズ表示が普通です。
S、M、Lの表示の場合、日本のものよりも大きめなので、確認してから買うことをお勧めします。

かばん・靴を買う

6 バッグはありますか。
¿Tiene bolsos?
ティエネ　ボルソス

言い換え

ショルダーバッグ	**bolsos de hombro** ボルソス　デ　オンブロ ※ hombro は「肩」です 「bolsos de llevar al hombro」とも言う 　　　　　ジェバル アル
ハンドバッグ	**bolsos de mano** ボルソス　デ　マノ ※ mano は「手」です
スーツケース	**maletas** マレタス
リュック	**mochilas** モチラス
スニーカー	**zapatillas de deporte** サパティジャス　デ　デポルテ
サンダル	**sandalias** サンダリアス
ハイヒール	**zapatos de tacón alto** サパトス　デ　タコン　アルト
ローヒール	**zapatos sin tacón** サパトス　シン　タコン
ブーツ	**botas altas** ボタス　アルタス
歩きやすい靴	**zapatos cómodos** サパトス　コモドス

洋服・雑貨などの専門店で

雑貨を買う

7. 財布はありますか。
¿Tiene un monedero?
ティエネ　ウン　モネデロ

ハンカチ	un portafolios（ウン ポルタフォリョス）
スカーフ	echarpes（エチャルペス）
マフラー	bufandas（ブファンダス）
ネクタイ	corbata（コルバタ）
手袋	guantes（グァンテス）
傘	paraguas（パラグァス）
折りたたみ傘	paraguas plegables（パラグァス プレガブレス）
帽子	sombreros（ソンブレロス）
サングラス	gafas de sol（ガファス デ ソル）
ベルト	cinturones（シントゥロネス）

ギフト雑貨を買う

⑧ **キーホルダー**はありますか。
¿Tiene llaveros?
ティエネ　　　ジャベロス

マグカップ	**tazón** タソン
カレンダー	**calendarios** カレンダリヨス
トートバッグ	**bolsas forradas en tela** ボルサス　フォラダス　エン　テラ
テーブルクロス	**manteles** マンテレス
エプロン	**mandiles** マンディレス
栞（しおり）	**marca-páginas** マルカ　パヒナス
手帳	**agendas** アヘンダス
携帯電話のケース	**fundas para el móvil** フンダス　パラ　エル　モビル
携帯電話用のアクセサリー	**accesorios para el móvil** アクセソリヨス　パラ　エル　モビル

洋服・雑貨などの専門店で

アクセサリーを買う

9. ネックレスはありますか。
¿Tiene collares?
ティエネ　コジャレス

ピアス	**pendientes** ペンディエンテス
ペンダント	**colgante (de collar)** コルガンテ　デ　コジャル
ブレスレット	**pulseras** プルセラス
指輪	**sortijas** ソルティハス
ブローチ	**broches** ブロチェス
ネクタイピン	**alfileres de corbata** アルフィレレス　デ　コルバタ
カフスボタン	**gemelos** ヘメロス
腕時計	**relojes de pulsera** レロヘス　デ　プルセラ

化粧品を買う

10 香水はありますか。
¿Tiene perfumes?
ティエネ　　　ペルフメス↗

乳液	**leche hidratante** レチェ　　イドラタンテ
メイク落とし	**desmaquillador** デスマキジャドル
保湿クリーム	**crema hidratante** クレマ　　イドラタンテ
ファンデーション	**crema básica** クレマ　　バシカ
パウダー	**polvos** ポルボス
口紅	**barra de labios** バラ　デ　ラビオス
オードトワレ	**agua de colonia** アグア　デ　コロニャ
マニキュア	**esmalte de uñas** エスマルテ　デ　ウニャス
除光液	**quitaesmalte** キタエスマルテ
日焼け止めクリーム	**protector solar** プロテクトル　ソラル

洋服・雑貨などの専門店で

文具を買う

11 ボールペンはありますか。
¿Tiene bolígrafos?
ティエネ　ボリグラフォス

サインペン	**plumas de filtro** プルマス　デ　フィルトロ
鉛筆	**lápices** ラピセス
万年筆	**plumas estilográficas** プルマス　エスティログラフィカス
便せん	**papel de cartas** パペル　デ　カルタス
封筒	**sobres de cartas** ソブレス　デ　カルタス
ノート	**cuadernos** クアデルノス
消しゴム	**gomas de borrar** ゴマス　デ　ボラアル
メモ帳	**bloc de notas** ブロク　デ　ノタス
ポストカード	**tarjetas postales** タルヘタス　ポスタレス
はさみ	**tijeras** ティヘラス
セロテープ	**cinta-celofán** シンタ　セロファン

日用品を買う

12 歯ブラシはありますか。
¿Tiene cepillos de dientes?
ティエネ　セピジョス　デ　ディエンテス

歯磨き粉	**pasta de dientes** パスタ　デ　ディエンテス
石けん	**pastilla de jabón** パスティジャ　デ　ハボン
シャンプー	**champú** チャンプー
リンス	**suavizante** スワビサンテ
タオル	**toallas** トアジャス
電池	**pilas** ピラス
ナプキン	**servilletas de papel** セルビジェタス　デ　パペル
ティッシュ	**pañuelos de papel** パニュロス　デ　パペル
ビニール袋	**bolsas de plástico** ボルサス　デ　プラスティコ

洋服・雑貨などの専門店で

ラッピングを頼む

13 別々に包んでください。
¿Puede envolverlos separadamente, por favor?
プエデ　　エンボルベルロス　セパラダメンテ　　ポル　ファボル

言い換え

一緒に包んで	envolverlos juntos エンボルベルロス　フントス
ギフト用に包んで	un paquete de regalo ウン　パケテ　デ　レガロ
箱に入れて	meterlo en una caja メテルロ　エン　ウナ　カハ
紙袋に入れて	meterlo en una bolsa de papel メテルロ　エン　ウナ　ボルサ　デ　パペル
リボンをかけて	ponerle una cinta ポネルネ　ウナ　シンタ
値札をとって	quitarle la etiqueta キタルレ　ラ　エティケタ
もうひとつ袋を	darme otra bolsa ダルメ　オトラ　ボルサ

97

人気ブランド名

ザラ	**ZARA** サラ
カンペール	**CAMPER** カンペル
ウエラ	**huella** ウエジャ
マグリット	**MAGRIT** マグリト
ヴォッリ	**Vogli** ボフリ
マジョリカ	**MAJORICA** マホリカ
シエンタ	**CIENTA** シエンタ
ロエベ	**LOEWE** ロエベ
ストラディバリウス	**Stradivarius** ストラディバリウス
チエ ミハラ	**CHIE MIHARA** チエ ミハラ
スプリングフィールド	**Springfield** スプリングフィールド
ラセル	**RACER** ラセル

商品を見る・選ぶときの 定番フレーズ　CD1-71

- 見ているだけです。　　Solamente miro, gracias.
- 迷っています。　　Estoy dudando.
- またにします。　　Vendré otra vez.
- あれを見せてもらえますか。　　¿Podría enseñarme eso?
- ショーウィンドウのものを見せてもらえますか。　　¿Podría enseñarme el que está en la vitrina?
- これを試着できますか。　　¿Puedo probármelo?
- もっと安いのはありませんか。　　¿Tiene algo más barato?
- これをください。　　Me llevo ésta.
- 触ってもいいですか。　　¿Puedo tocarlo?
- これはもっとありますか。　　¿Tiene más?

支払いの時の 定番フレーズ

- 全部でいくらになりますか。 ¿Cuánto hace esto?
- クレジットカードで払えますか。 ¿Puedo pagar con tarjeta de crédito?
- JCBカードで払えますか。 ¿Puedo pagar con la tarjeta JCB?
- 小銭がありません、ごめんなさい。 Perdone, no tengo suelto.
- おつりが足りないのですが。 No me ha dado bien la vuelta.
- 値引きがあったのですが。 Había una rebaja.
- 領収書をお願いします。 ¿Podría darme una factura?

観 光

観光大国スペインでは、世界遺産のガウディ建築から旧市街の町並み、さらにサッカー観戦に闘牛やフラメンコなど、楽しみたいエンターテイメントが数限りなくあります。定番フレーズを使って、心ゆくまで旅を味わいましょう。

場面別会話編

観光案内所で

観光名所への行き方を尋ねる

CD2-1

① パーク・デル・レティーロへはどうやって行ったらいいですか。

¿Podría decirme cómo se va al Parque del Retiro?

ピカソ美術館	al Museo Picasso
王宮	al Palacio de Oriente
プエルタ・デル・ソル	a la Puerta del Sol
グランビア通り	a la Gran Vía
カステリャーナ通り	al Paseo de la Castellana
モンジュイック城	a el Montjuic
バルセロナ・サンツ駅	a la Estación de Barcelona Sants
サンチャゴ・ベルナベウ・スタジアム	al Estadio Santiago Bernabéu
カンプノウ・スタジアム	al Estadio Camp Nou

観光案内所で

都市への行き方を尋ねる

② バルセロナへはどう行ったらいいですか。
¿Podría decirme cómo se va a Barcelona?
ポドリア デシルメ コモ セ バ ア バルセロナ

言い換え

トレド	Toledo (トレド)
グラナダ	Granada (グラナダ)
コルドバ	Córdoba (コルドバ)
バレンシア	Valencia (バレンシア)
サンタンデル	Santander (サンタンデル)
サラマンカ	Salamanca (サラマンカ)
カディス	Cádiz (カディス)
セビリア	Sevilla (セビージャ)
メキシコシティ	Ciudad de México (シウダド デ メヒコ)

目的の場所がどこか尋ねる

3 この辺に**美術館**はありますか。
¿Hay un museo cerca de aquí?
アイ　ウン　ムセオ　セルカ　デ　アキー

タクシー乗り場	**una estación de taxis** ウナ　エスタシヨン　デ　タクシス
観光案内所	**una oficina de turismo** ウナ　オフィシナ　デ　トゥリスモ
市場	**un mercado** ウン　メルカド
お土産屋	**una tienda de recuerdos** ウナ　ティエンダ　デ　レクエルドス
歴史的建造物	**algún monumento histórico** アルグン　モヌメント　イストリコ
映画館	**un cine** ウン　シネ
劇場	**un teatro** ウン　テアトロ
公園	**un parque** ウン　パルケ

観光案内所で

希望を伝える

④ サッカーの試合を見たいのですが。

Desearía ir a un partido de fútbol.
デセアリア　イル　ア　ウン　パルティド　デ　フトボル

闘牛を見に行きたい	**a ver las corridas de toros** ア ベル ラス コリダス デ トロス
芝居を見に行きたい	**al teatro** アル テアトロ
映画を見に行きたい	**al cine** アル シネ
フラメンコを見に行きたい	**a ver flamenco** ア ベル フラメンコ
ギターコンサートに行きたい	**a un concierto de guitarra** ア ウン コンシエルト デ ギタラ
グエル公園に行きたい	**al Parque Güel** アル パルケ グエル
サグラダ・ファミリアに行きたい	**a la Sagrada Familia** ア ラ サグラダ ファミリア
ケーブルカーに乗りたい	**a subir en el funicular** ア スビル エン エル フニクラル

言い換え ガイド付き見学に参加したい	**participar en una** パルチシパル　エン　ウナ **visita guiada** ビシタ　ギアダ
マドリードタワーに上りたい	**desearía subir a la** デセアリア　スビル　ア　ラ **torre de Madrid** トレエ　デ　マドリード
テニスの試合を見たい	**un partido de tenis** ウン　パルティド　デ　テニス
スタジアムまでの行き方を知りたい	**desearía saber cómo** デセアリア　サベル　コモ **llegar al estadio** ゲガル　アル　エスタディオ
サッカーの試合が見られるバルに行きたい	**a un bar donde se** ア　ウン　バル　ドンデ　セ **puede ver el fútbol** プエデ　ベル　エル　フトボル

観光案内所で

希望を伝える　　　CD2-3

5. アルタミラ洞窟を訪問したいのですが。
Desearía visitar las Cuevas de Altamira.
デセアリア　　ビシタル　　ラス　　クエバス　　デ　アルタミラ

言い換え

ワインカーブ巡り	**los lugares famosos del vino** ロス　ルガレス　ファモソス　デル　ビノ
美術館巡り	**tomar parte en la visita a los museos** トマル　パルテ　エン　ラ　ビジタ　ア　ロス　ムセオス
世界遺産巡り	**visitar los lugares patrimonio de la humanidad** ビシタル　ロス　ルガレス　パトリモニョ　デ　ラ　ウマニダー
地中海でクルーズ	**viajar en barco por el Mediterráneo** ビアハル　エン　バルコ　ポル　エル　メディテアラネオ
セビリアとコルドバを訪問	**visitar Sevilla y Córdoba** ビシタル　セビジャ　イ　コルドバ

観光

ツアーに参加するときの 定番フレーズ

- ホテルまで迎えに来てもらえますか。 ¿Podría venir a buscarnos al hotel?
- 自由時間はありますか。 ¿Tiene tiempo libre?
- 入場料は料金に含まれていますか。 ¿Está incluida en el precio la entrada a los monumentos?
- 食事代は料金に含まれていますか。 ¿Están incluidas las comidas en el precio?
- 集合場所はどこですか。 ¿Dónde nos encontramos?
- 集合時間は何時ですか。 ¿A qué hora nos encontramos?
- 帰りはどこで解散ですか。 ¿Dónde nos separamos al final?

観光案内所で／乗り物を利用する

📷 ≫ 乗り物を利用する

乗り物のチケットを買う　　　　　　　　　　　　　CD2-5

① 回数券をください。
Un billete múltiple, por favor.
ウン　ビジェテ　ムルティプレ　ポル　ファボル

切符1枚	**Un billete de ida solamente** ウン　ビジェテ　デ　イダ　ソラメンテ	
往復1枚	**Un billete de ida y vuelta** ウン　ビジェテ　デ　イダ　イ　ブエルタ	
片道1枚	**Un billete sencillo** ウン　ビジェテ　センシジョ	
一等席	**Un billete de primera clase** ウン　ビジェテ　デ　プリメラ　クラッセ	
二等席	**Un billete de segunda clase** ウン　ビジェテ　デ　セグンダ　クラッセ	
大人1枚	**Un billete de adulto** ウン　ビジェテ　デ　アドゥルト	
子供1枚	**Un billete de niño** ウン　ビジェテ　デ　ニニョ	

メトロ、RENFE に乗るときの 定番フレーズ　CD2-6

- チャマルティンに行くのは何線ですか。

  Para ir a Chamartín ¿qué línea es?
  パラ　イル　ア　チャマルティン　ケ　リネア　エス

- 6番線に乗りたいのですが。

  Desearía tomar la línea seis, ¿dónde debo ir?
  デセアリア　トマル　ラ　リネア　セイス　ドンデ　デボ　イル

- アトーチャ駅に行くのに乗り換えはありますか。

  ¿Hay cambio para ir a Atocha?
  アイ　カンビオ　パラ　イル　ア　アトーチャ

- どこで乗り換えですか。

  ¿Dónde hay que cambia de línea?
  ドンデ　アイ　ケ　カンビオ　デ　リネア

- バラハス空港行きはどのホームですか。

  ¿Cuál es el andén para ir al Aeropuerto de Barajas?
  クアル　エス　エル　アンデン　パラ　イル　アル　アエロプエルト　デ　バラハス

- RENFE の路線一本で行けますか。

  ¿Se puede ir directamente en la línea de RENFE?
  セ　プエデ　イル　ディレクタメンテ　エン　ラ　リネア　デ　レンフェ

- この切符でサン・セバスチャンまで行けますか。

  ¿Se puede ir hasta San Sebastián con este billete?
  セ　プエデ　イル　アスタ　サン　セバスティアン　コン　エステ　ビジェテ

バスに乗るときの 定番フレーズ

- バスの停留所はどこですか。
  Perdón, ¿dónde está la parada de autobús?

- このバスはマヨル広場行きですか。
  Perdón, va este autobús hasta la Plaza Mayor?

- レイナ・ソフィア教会に行くにはどこで降りたらいいですか。
  ¿Dónde hay que bajarse para ir al Museo Reina Sofía?

- 王宮まであといくつですか。
  ¿Cuántas paradas hay hasta el Palacio Real?

- 王宮に着いたら、教えていただけますか。
  ¿Podría avisarme cuando lleguemos al Palacio de Oriente?

- 空港行きの次のバスは何時ですか。
  ¿A qué hora es el próximo autobús para el aeropuerto?

- ドアを開けてください！
  ¡La puerta, por favor!

- 降ります！
  ¡Me bajo aquí!

タクシーに乗る

② チャマルティン駅までお願いします。
A la estación de Chamartín, por favor.
アラ エスタシヨン デ チャマルティン ポル ファボル

言い換え

この住所	**A esta dirección** ア エスタ ディレクション
このホテル	**A este hotel** ア エステ ホテル
ロイヤル劇場	**Al teatro real** アル テアトロ レアル
バルセロナ空港	**Al aeropueto de Barcelona** アル アエロプエルト デ バルセロナ
最寄りの病院	**Al hospital más cercano** アル オスピタル マス セルカノ
最寄りの警察署	**A la comisaría más próxima** ア ラ コミサリア マス プロクシマ

「スペイン人は1日5食?」

スペイン人の食事の時間帯が、日本と違っていることにとまどう人が多い。スペイン人はいったいいつ食事をとっているのでしょうか?

①朝食　Desayuno

朝食は出勤前に、ミルクたっぷりの Café con leche(カフェオレ)や chocolate(ホットチョコレート)にビスケットや Churros(長い揚げパン)で済ませます。

②昼前の間食　Merienda a media mañana / Almuerzo

午前11時頃、オフィスから出て Bocadillo(サンドイッチ)や Tapas(小皿にのったおつまみ)などで空腹をしのぎます。

③昼食　Comida

ほとんどのサラリーマンは仕事をいったん午後2時に終え、昼食をとりに自宅へ戻ります。Siesta(昼寝)の習慣が残るスペインですが、こうして自宅でしっかり昼食をとったり、雑誌を読んだりと、気ままに休憩を楽しみます。

④夕方の間食　Merienda

会社が終わる午後6時頃には夕食前のおやつの時間があります。

⑤夕食　Cena

夕食の時間はなんと午後9時以降が普通です。昼食に大量のカロリーを摂取するため、スペインの夕食はきわめて軽め。この頃 Tapas の美味しいバルは会社帰りの人々で賑わいをみせます。

こうした食事習慣があるため、旅行者も昼食をメインにとったほうが現地の時間感覚に合わせやすいでしょう。

※②は地域によって呼び方が異なります。11時頃にとることから数字の11である Once と呼ぶ地域もあります。

📷 観光スポットで

チケットを買う 　　　　　　　　　　　　　　　　　🔵 CD2-9

① 大人1枚お願いします。
Un billete de adulto, por favor.
ウン　ビジェテ　デ　アドゥルト　ポル　ファボル

言い換え

学生2枚	**Dos billetes de tarifa de estudiante** ドス ビジェテス デ タリファ デ エストゥディアンテ
子供1枚	**Un billete de niño** ウン ビジェテ デ ニニョ
シニア3枚	**Tres billetes de ancianos** トレス ビジェテス デ アンシヤノス
特別展1枚	**Una entrada para la exposición temporal** ウナ エントラダ パラ ラ エクスポシション テンポラル
常設展1枚	**Una entrada para la exposición permanente** ウナ エントラダ パラ ラ エクスポシション ペルマネンテ

観光スポットで

観光スポットで使う 定番フレーズ

- 案内図をもらえますか。 ¿Puede darme un plano?
- 日本語の音声ガイドはありますか。 ¿Hay una audio-guia en japonés?
- 日本語のパンフレットはありますか。 ¿Tiene un folleto en japonés?
- ロッカーはありますか？ ¿Hay un depósito en consigna?
- ここは有料ですか？ ¿Es aquí de pago?
- ここは無料ですか？ ¿Es gratis aquí?
- ガイド付き見学は何時ですか。 ¿A qué hora es la visita con guía?
- 見学はどのくらい時間がかかりますか。 ¿Cuánto dura la visita?

許可を得る

🔵 CD2-11

② 入ってもいいですか。
¿Puedo entrar?
プエド　　エントラル↗

言い換え

荷物を持って入っても	entrar con mi equipaje エントラル　コン　ミ　エキパヘ
再入場しても	entrar otra vez エントラル　オトラ　ベス
触っても	tocar トカル
ここに座っても	sentarme aquí センタルメ　アキー

ひとくちメモ

「入ってもいいですか」は ¿Se puede? だけでもよく使われます。ドアの前でこの表現を言うと、部屋にいる人は ¡Adelante!（どうぞ）と言います。

写真を撮る

③ 写真を撮ってもいいですか。
¿Puedo sacar fotos?
プエド　　サカル　　フォトス↗

言い換え

ここで写真を撮っても	sacar fotos aquí サカル　フォトス　アキー
フラッシュを使っても	usar el flash ウサル　エル　フラシュ
ビデオに撮っても	grabar en video グラバル　エン　ビデオ

観光スポットで

写真を撮ってもらうときの 定番フレーズ

- 写真を撮っていただけますか。 ¿Puede usted sacarme una foto?
- 一緒に写真を撮ってもいいですか。 ¿Puedo sacarme una foto con usted?
- ここを押してください。 Apriete aqui, por favor.
- もう1枚お願いできますか。 ¿Puede sacarme otra?
- これが入るように撮っていただけますか。 ¿Puede hacer que entre esto en la foto?
- 全体が入るように撮っていただけますか。 ¿Puede incluir todo junto en la foto?

舞台を鑑賞するときの 定番フレーズ 🎵 CD2-13

- 指定席ですか。
 ¿Están los asientos numerados?
 エスタン ロス アシェントス ヌメラドス⤴

- 当日券はありますか。
 ¿Se pueden comprar entradas el día mismo?
 セ プエデン コンプラル エントラダス エル ディア ミスモ⤴

- その席からは舞台全体が見えますか。
 ¿Se ve todo el escenario desde aquí?
 セ ベ トド エル エスセナリヨ デスデ アキー⤴

- 一番安い席でお願いします。
 Desearía la tarifa menos cara.
 デセアリア ラ タリファ メノス カラ

- 正面席がいいのですが。
 Desearía asientos frente a la pantalla.
 デセアリア アシエントス フレンテ ア ラ パンタージャ

- 通路の横の席がいいのですが。
 Desearía un asiento junto al pasillo.
 デセアリア ウン アシエント フント アル パシジョ

- 隣り合わせで座りたいのですが。
 Desearíamos sentarnos uno al lado de otro.
 デセアリアモス センタルノス ウノ アル ラド デ オトロ

フラメンコを鑑賞するときのかけ声（Jaleo）
ハレオ

いいぞ！	¡Olé! オレ
いいね！	¡bien! ビエン
それいけ！	¡toma! トマ
可愛い！	¡bonita! ボニータ
いい男！	¡guapo! グアポ
さあ行こう！	¡Vamos allá! バモス アジャ
見て！	¡mira! ミラ
おやまあ、しっかり。	anda. アンダ
そこだ、いけ！	¡vaya! バジャ

📷 ≫ サッカー観戦

応援するときの 定番フレーズ CD2-15

● がんばれ！	¡Ánimo! アニモ
● いけ！いけ！	¡Vamos! バモス
● いいぞ！うまい！	¡Olé! オレ
● やったー！	¡Bravo! ブラーボ
● 危ない！	¡Cuidado! クイダド
● ああ、危なかった。	¡Oh, qué peligro! オー ケ ペリグロ
● 惜しい！	¡Buen intento! ブエン インテント
● あなたのファンです。	Soy seguidor suyo. 男 ソイ セヒドル スジョ Soy sequidora suya. 女 ソイ セヒドラ スヤ
● サインをいただけませんか？	¿Puede darme su autógrafo, por favor? プエデ ダルメ ス アウトグラフォ ポル ファボル

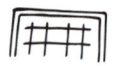

サッカー観戦に関する用語①

スタジアム	estadio (エスタディオ)
グラウンド	campo (カンポ)
シーズン	temporada (テンポラダ)
ホーム	casa (カサ)
アウェイ	fuera de casa (フエラ デ カサ)
節	jornada (ホルナダ)
試合	partido (パルティド)
ダービー	Derbi (デルビー)

※同じ都市のチームの対戦のこと

キックオフ	saque inicial (サケ イニシアル)
前半	primer tiempo (プリメル ティエンポ)
後半	segundo tiempo (セグンド ティエンポ)
延長戦	prórroga (プロロロガ)
パス	pase (パセ)
シュート	tiro (ティロ)
ゴール	gol (ゴル)
スーパーゴール	golazo (ゴラッソ)
飛び出し	arranque (アランケ)
セーブ	parada (パラダ)
クロス	cruce (クルセ)
オフサイド	fuera de juego (フエラ デ フエゴ)
カウンター	contraataque (コントラアタッケ)
いいプレイ	buena jugada (ブエナ フガーダ)
汚ないプレイ	jugada sucia (フガーダ スシア)
ファウル	falta (ファルタ)

サッカー観戦に関する用語②

ボール	**pelota** ペロタ
チーム	**equipo** エキポ
選手	**jugador** フガドル
ゴール・キーパー	**portero** ポルテロ
ディフェンダー	**defensa** デフェンサ
ミッドフィルダー	**centrocampista** セントロカンピスタ
フォワード	**delantero** デランテロ
サイドバック	**lateral** ラテラル
監督	**entrenador** エントレナドル
審判	**árbitro** アルビトロ
イエローカード	**tarjeta amarilla** タルヘタ　アマリジャ
レッドカード	**tarjeta roja** タルヘタ　ロハ

場面別会話編

トラブル

旅行中、紛失や盗難などのトラブルに遭ったとき、スペイン語で助けを求めたり、説明しなくてはならない状況に置かれることがあります。ここでは、そのような場面で使える表現を紹介します。

≫ トラブルに直面！

とっさの一言

CD2-18

助けて！	¡Socorro!
	ソコオロ
やめてください！	¡Déjeme!
	デヘメ
痛いです！	¡Me duele!
	メ　ドゥエレ
はなせ！	¡Suélteme!
	スエルテメ
泥棒！	¡Al ladrón!
	アル　ラドロン
火事だ！	¡Fuegooo!!!
	フエーゴ
来てください！	¡Venga!
	ベンガ
気をつけて！	¡Atención!
	アテンシヨン
危ないですよ。	Es peligroso.
	エス　ペリグロソ
ごめんなさい。	Perdóneme usted.
	ペルドネメ　　ウステ

トラブルに直面！

助けを呼ぶ　　　　　　　　　　　　　　　　　　　CD2-19

① 警察を呼んで！
Llame a la policía.
ジャメ　ア　ラ　ポリシア

言い換え		
	医者を	**un médico** ウン　メディコ
	救急車を	**una ambulancia** ウナ　アンブランシア
	家族を	**mi familia** ミ　ファミリヤ
	ガイドを	**mi guía** ミ　ギア
	日本語がわかる人を	**alguien que hable japonés** アルギエン　ケ　アブレ　ハポネス
	誰かを	**alguien** アルギエン

盗難に遭った

② 道でひったくりに遭いました。
Me han robado en la calle.
メ　アン　ロバド　エン　ラ　カジェ

メトロで	**el metro** エル　メトロ
海岸で	**la costa** ラ　コスタ
レストランで	**el restaurante** エル　レスタウランテ
スタジアムで	**el estadio** エル　エスタディオ
公園で	**el parque** エル　パルケ

ひとくちメモ 「盗難に備えて」

ここ数年、iPhone、携帯電話をひったくられるケースが目に見えて増えています。地下鉄の中や道で歩きながら電話やカメラ機能を使用していると目をつけられる恐れがあります。周りへの注意を怠らないようにしましょう。

トラブルに直面！

③ **バッグ**を盗まれました。
Me han robado la bolsa.
メ　アン　ロバド　ラ　ボルサ

言い換え

クレジットカード	la tarjeta de crédito ラ　タルヘタ　デ　クレディト
携帯電話	el teléfono móvil エル　テレフォノ　モビル
iPad	mi iPad ミ　アイパット
財布	el portafolios エル　ポルタフォリヨス
お金	el dinero エル　ディネロ

紛失したとき

④ **パスポート**をなくしました。
He perdido mi pasaporte.
エ　ペルディド　ミ　パサポルテ

言い換え

航空券	mi billete de avión ミ　ビジェテ　デ　アビオン
パソコン	mi ordenador ミ　オルデナドル
書類鞄	mi carpeta de folios ミ　カルペタ　デ　フォリヨス
腕時計	mi reloj ミ　レロー
鍵	mis llaves ミス　ジャベス

連絡を頼む

5 日本大使館に連絡をしていただけますか。
¿Podría telefonear a la Embajada de Japón?
ポドリア　　テレフォネアル　ア　ラ　エンバハダ　デ　ハポン

ホテル	al hotel アル　オテル
警察	a la policía ア　ラ　ポリシヤ
家族	a mi familia ア　ミ　ファミリヤ
ガイド	a mi guía ア　ミ　ギア
病院	al hospital アル　オスピタル
旅行社	a la agencia de viajes ア　ラ　アヘンシャ　デ　ビアヘス

トラブルに遭ったときの定番フレーズ

- 日本語（英語）が話せる人はいませんか。
  ¿Hay alguien que hable japonés (inglés)?

- どうしたらいいですか。
  ¿Qué debo hacer?

- どこに行けばいいですか。
  ¿A dónde debo ir?

- 日本大使館に連れて行ってくださいませんか。
  ¿Podría llevarme a la Embajada de Japón?

- 電話を貸してもらえますか。
  ¿Podría usar su teléfono?

- 私がしたのではありません。
  Yo no lo he hecho.

- スペイン語がわかりません。
  No entiendo español.

盗難に遭ったとき・紛失したときの 定番フレーズ

- 警察はどこですか。 — ¿Dónde está la policía?
- 盗難届を出しに来ました。 — Vengo a hacer una declaración de robo.
- 盗難届けの証明書をいただけますか。 — ¿Puede hacerme un certificado de robo?
- 紛失物の届け出です。 — Una declaración de haberlo perdido.
- バッグの中には、クレジットカード、現金、携帯が入っていました。 — Había una tarjeta de crédito, dinero y teléfono móvil.
- 見つかったらここに連絡していただけますか。 — ¿Podría llamarme aquí si lo encuentra?
- クレジットカードを無効にしたいです。 — Desearía anular mi tarjeta de crédito.

トラブルに直面！

事故に遭ったとき・けがをしたときの 定番フレーズ　CD2-24

- 転びました。　　Me he caído.
- けがをしました。　　Me he hecho una herida.
- 車の事故に遭いました。　　He tenido un accidente de coche.
- 車にぶつけられました。　　He chocado con otro coche.
- 私を病院に連れて行ってください。　　¿Podría llevarme al hospital, por favor?
- ここが痛いです。　　Me duele aquí.
- 保険に入っています。　　Tengo seguro de accidentes.

》病院で

発症時期を伝える

① 昨日からです。
Desde ayer.
デスデ　アジェル

今朝	esta mañana エスタ　マニャナ
数日前	hace unos días アセ　ウノス　ディヤス
先週	la semana pasada ラ　セマナ　パサダ
先程	enseguida　※ hace un moment でもOK エンセギダ　　　　　　　　アセ　ウン　モメント

症状を伝える

② お腹が痛いです。
Me duele el estómago.
メ　ドゥエレ　エル　エストマゴ

目	el ojo エル　オホ
頭	la cabeza ラ　カベサ
肩	el hombro エル　オンブロ
下腹部	el abdomen inferior エル　アブドメン　インフェリオル
歯	(Me duelen) los dientes メ　ドゥエレン　ロス　ディエンテス

病院で

病院で使う 定番フレーズ

- 日本語が話せる医者はいますか。 ¿Hay un médico que hable japonés?
- 気分が悪いです。 Me siento mal.
- お腹が痛いです。 Me duele el estómago.
- 熱があります。 Tengo fiebre.
- 吐き気がします。 Tengo náuseas.
- めまいがします。 Estoy mareado.
- 熱があるようです。 Creo que tengo fiebre.
- 薬アレルギーがあります。 Tengo alergia a ciertos medicamentos.
- 血液型はA型です。 Mi grupo sanguíneo es el A.
- 強い薬は服用したくありません。 No puedo tomar medicamentos fuertes.
- 診断書をいただけますか。 ¿Puede darme un certificado médico?
- 妊娠中です。 Estoy encinta.

薬を買う

3 この**薬**をください。
Desearía este medicamento.
デセアリア　エステ　　　　メディカメント

痛み止め	**un medicamento antidolor** ウン　　メディカメント　　アンティドロール	
頭痛薬	**un medicamento contra el dolor de cabeza** ウン　メディカメント　コントラ　エル　ドロル　デ　カベサ	
風邪薬	**un medicamento contra la gripe** ウン　メディカメント　コントラ　ラ　グリペ	
解熱剤	**un medicamento contra la fiebre** ウン　メディカメント　コントラ　ラ　フィエブル	
消毒液	**un medicamento antiséptico** ウン　メディカメント　アンティセプティコ	
乗り物の酔い止め	**un medicamento contra el mareo en vehículos** ウン　メディカメント　コントラ　エル　マレオ　エン　ベイクロス	
虫よけ	**un repelente de insectos** ウン　レペレンテ　デ　インセクトス	

病院で

薬の飲み方の説明

④ 1日3回飲んでください。
Tómelo tres veces al día.
トメロ　　　トレス　　ベセス　アル ディア

食前に	**antes de las comidas** アンテス デ ラス コミダス
食後に	**después de las comidas** デスプエス デ ラス コミダス
空腹時に	**en ayunas** エン アジュナス
寝る前に	**antes de acostarse** アンテス デ アコスタルセ
コップ1杯の水と一緒に	**con un vaso de agua** コン ウン バソ デ アグア

薬の 定番フレーズ　　　CD2-28

- 何日続けて飲めばいいですか。
  ¿Cuántos días debo continuar tomándolo?
  クァントス ディアス デボ コンティヌアル トマンドロ↗

- この薬は眠くなりますか。
  ¿Provoca sueño este medicamento?
  プロボカ スエニョ エステ メディカメント↗

- これは強い薬ですか。
  ¿Es un medicamento fuerte?
  エス ウン メディカメント フエルテ↗

- 副作用はありますか。
  ¿Tiene efectos secundarios?
  ティエネ エフェクトス セクンダリヨス↗

● 身体部位の単語

- 目 **ojo** オホ
- 鼻 **nariz** ナリス
- 耳 **oreja** オレハ
- 喉 **garganta** ガルガンタ
- 口 **boca** ボカ
- 歯 **diente** ディエンテ
- 舌 **lengua** レングア
- 指 **dedo** デド
- 手 **mano** マノ
- 腕 **brazo** ブラソ
- 頭 **cabeza** カベサ
- 腹 **vientre** ビエントレ
- 首 **cuello** クエジョ
- 肩 **hombro** オンブロ
- 脚 **pierna** ピエルナ
- 背中 **espalda** エスパルダ
- 足 **pie** ピエ

単語編

すぐに使える
旅単語集
500

シーンごとに、役立つ単語をまとめました。旅先の様々なシーンで使える単語をチェックできます。

✈ 機内・空港

座席	asiento アシエント
窓側の席	asiento junto a la ventana アシエント フント ア ラ ベンタナ
通路側の席	asiento junto al pasillo アシエント フント アル パシジョ
化粧室	servicios セルビショス
非常口	salida de emergencia サリダ デ エメルヘンシア
毛布	manta マンタ
日本の新聞	periódico japonés ペリヨディコ ハポネス
日本の雑誌	revista japonesa レビスタ ハポネサ
離陸	despegue デスペゲ
着陸	aterrizaje アテリサヘ
出発	salida サリダ
到着	llegada ゲガダ
出発時刻	hora de salida オラ デ サリダ
到着時刻	hora de llegada オラ デ ゲガダ
現地時間	hora local オラ ロカル
飛行時間	duración del vuelo ドゥラシヨン デル ブエロ
時差	duración de horas ドゥラシヨン デ オラス
目的地	destino デスティノ
気温	temperatura テンペラトゥラ
定刻	hora prevista オラ プレビスタ

すぐに使える 旅単語集500

遅延	con retraso
空港	aeropuerto
チェックインカウンター	mostrador de entrada
航空券	billete de avión
搭乗口	puerta de embarque
搭乗券	tarjeta de embarque
便名	número de vuelo
便の変更	cambio de vuelo
乗り継ぎ	correspondencia
入国審査	control de pasaportes
出国審査	control de salida
税関	aduana
税関申告書	declaración de aduanas
持ち込み禁止品	objetos prohibidos en cabina
パスポート	pasaporte
姓名	nombre y apellidos
国籍	nacionalidad
居住国	país de domicilio
ターンテーブル	banda de equipajes
荷物受取所	recogida de equipajes

🏨 » 宿泊

ホテル	hotel	オテル
フロント	recepción	レセプシヨン
ロビー	salón	サロン
エレベーター	ascensor	アセンソル
エスカレーター	escalera automática	エスカレラ アウトマティカ
階段	escalera	エスカレラ
中庭	patio	パティオ
予約	reserva	レセルバ
キャンセル	cancelado	キャンセラド
チェックイン	check-in	チェク イン
チェックアウト	check-out	チェク アウト
料金	tarifa	タリファ
ホテルの部屋	habitación del hotel	アビタシヨン デル オテル
シングルルーム	habitación individual	アビタシヨン インデビドゥアル
ダブルルーム	habitación doble	アビタシヨン ドブレ
トリプルルーム	habitación triple	アビタシヨン トリプレ
喫煙ルーム	habitación para fumadores	アビタシヨン パラ フマドレス
禁煙ルーム	habitación de no-fumadores	アビタシヨン デ ノ フマドレス
バスルーム	sala de baño	サラ デ バニョ
シャワー	ducha	ドゥチャ

すぐに使える 旅単語集500

テレビ	televisión (テレビシヨン)
エアコン	aire acondicionado (アイレ アコンディショナド)
ミニバー	mini-bar (ミニ バル)
ベッド	cama (カマ)
枕	almohada (アルモアダ)
毛布	manta (マンタ)
シーツ	sábana (サバナ)
鍵	llave (ジャベ)
1階	planta baja (プランタ バハ)
2階	primera planta (プリメラ プランタ)
3階	segunda planta (セグンダ プランタ)
最上階	última planta (ウルティマ プランタ)
朝食	desayuno (デサジュノ)
昼食	almuerzo (アルムエルソ)
夕食	cena (セナ)
コーヒーラウンジ	cafetería (カフェテリア)
バー	bar (バル)
サウナ	sauna (サウナ)
トレーニングジム	gimnasio (ヒムナシヨ)
プール	piscina (ピスシナ)

🍴 >> 飲食

● 飲み物

水	agua (アグア)
炭酸の入った水	agua con gas (アグア コン ガス)
炭酸なしの水	agua sin gas (アグア シン ガス)
お湯	agua caliente (アグア カリエンテ)
氷	hielo (イエロ)
氷なし	sin hielo (シン イエロ)
コーヒー	café (カフェ)
カフェオレ	café con leche (カフェ コン レチェ)
ブラックコーヒー	café solo (カフェ ソロ)
アイスコーヒー	café helado (カフェ エラド) ※ café con hielo でも OK (カフェ コン イエロ)
紅茶	té (テ)
レモンティ	té con limón (テ コン リモン)
ミルクティ	té con leche (テ コン レチェ)
アイスティ	té helado (テ エラド) ※ té con hielo でも OK (テ コン イエロ)
ハーブティ	infusión (インフシオン)
マテ茶	té de mate (テ デ マテ)
緑茶	té verde (テ ベルデ)
オレンジジュース	zumo de naranja (スモ デ ナランハ)
牛乳	leche (レチェ)
ココア	cacao (カカオ)

すぐに使える 旅単語集500

● アルコール

ビール	cerveza セルベサ
生ビール	cerveza de barril セルベサ デ バリル
ワイン	vino ビノ
赤ワイン	vino tinto ビノ ティント
白ワイン	vino blanco ビノ ブランコ
ロゼワイン	vino rosado ビノ ロサド
スパークリングワイン	vino espumoso ビノ エスプモソ
シェリー酒	jerez ヘレス
シャンパン	champán チャンパン
食後酒	digestivo ディヘスティボ
食前酒	aperitivo アペリティボ
カクテル	cóctel コクテル
ブランデー	brandy ブランディ
ウイスキー	whisky ウイスキー
コニャック	coñac コニャク
ボトル	botella ボテジャ
グラス	vaso バソ
辛口	seco セコ
甘口	dulce ドゥルセ
香り	aroma アロマ

143

● 店内の用語 CD2-34

朝食	**desayuno** デサジュノ
昼食	**almuerzo / comida** アルムエルソ　コミダ
夕食	**cena** セナ
軽食	**comida ligera** コミダ　リヘラ
メニュー	**menú** メヌ
コース	**todos los platos** トドス　ロス　プラトス
定食	**menú del día** メヌ　デル　ディア
フルコース	**cubierto** クビエルト
一人前	**por persona** ポル　ペルソナ
前菜	**entremés** エントレメス
メイン料理	**segundo** セグンド
デザート	**postre** ポストレ
おススメ	**recomienda** レコミエンダ
自家製の	**casero** カセロ
～切れ	**trozo** トロソ
ウエイター	**camarero** カマレロ
ウエイトレス	**camarera** カマレラ
会計	**cuenta** クエンタ
カロリー	**caloría** カロリア
灰皿	**cenicero** セニセロ

すぐに使える 旅単語集500

● 果物

アボカド	aguacate (アグアカテ)
アプリコット	albaricoque (アルバリコキ)
いちご	fresa (フレサ)
オリーブ	oliva (aceituna) (オリバ / アセイトゥナ)
オレンジ	naranja (ナランハ)
キウイフルーツ	kiwi (キウィ)
グレープフルーツ	pomelo (ポメロ)
さくらんぼ	cereza (セレサ)
パインアップル	piña (ピニャ)
バナナ	plátano (プラタノ)
パパイヤ	papaya (パパジャ)
ぶどう	uva (ウバ)
レーズン	pasa (パサ)
ブルーベリー	arándano (アランダノ)
マンゴー	mango (マンゴ)
プラム	ciruela (シルエラ)
ライム	lima (リマ)
ラズベリー	frambuesa (フランブエサ)
りんご	manzana (マンサナ)
レモン	limón (リモン)

● お菓子・デザート

CD2-36

アイスクリーム	helado	エラド
アップルパイ	tarta de manzana	タルタ デ マンサナ
クッキー	galleta	ガジェタ
ケーキ	pastel	パステル
チョコレート	chocolate	チョコラテ
シュークリーム	pastelito de crema	パステリト デ クレマ
ドーナツ	rosquilla	ロスキーヤ
ババロア	gelatina bávara	ヘラティナ ババラ
プリン	flan	フラン
ヨーグルト	yogur	ジョグル

● 調味料

CD2-37

塩	sal	サル
砂糖	azúcar	アスカル
胡椒	pimienta	ピミエンタ
酢	vinagre	ビナグレ
バルサミコ酢	vinagre balsámico	ビナグレ バルサミコ
はちみつ	miel	ミエル
マスタード	mostaza	モスタサ
バター	mantequilla	マンテキヤ
オリーブオイル	aceite de oliva	アセイテ デ オリバ
マヨネーズ	mayonesa	マヨネサ

すぐに使える 旅単語集500

● 味付け

甘い	dulce ドゥルセ
スパイシー	agrio アグリヨ
塩辛い	salado サラド
辛い	picante ピカンテ
酸っぱい	ácido アシド
甘酸っぱい	agridulce アグリドゥルセ
苦い	amargo アマルゴ
脂っこい	grasiento グラシエント
あっさり	ligero リヘロ
胡椒をきかせた	fuerte en pimienta フエルテ エン ピミエンタ

● 調理法

揚げた	frito フリト
炒めた	sofrito ソフリト
オーブンで焼いた	cocido al horno コシド アル オルノ
グリルした	asado a la brasa アサド ア ラ ブラサ
ローストした	tostado トスタド
蒸した	al vapor アル バポル
マリネした	al baño maría アル バニョ マリア
塩漬けにした	salado サラド
薫製にした	ahumado アウマド
詰め物をした	estofado エストファド

● 前菜・料理

前菜	entremés (エントレメス)
スープ	sopa (ソパ)
ポタージュ	potaje (ポタヘ)
ガスパチョ	gazpacho (ガスパチョ)
コンソメ	consomé (コンソメ)
サラダ	ensalada (エンサラダ)
海鮮サラダ（マリネ）	ceviche (セビチェ)
オムレツ	tortilla (トルティージャ)
グラタン	gratinado (グラティナド)
コロッケ	croqueta (クロケタ)
パエリア	paella (パエージャ)
ハンバーガー	hamburguesa (アンブルゲッサ)
肉団子	albóndiga (アルボンディガ)
肉の盛り合わせ	parrillada (パリジャダ)
付け合わせ	guarnición (グアルニシヨン)
盛り合わせ	variado (バリアド)
フライドポテト	patatas fritas (パタタス フリタス)
炒飯（チャーハン）	arroz frito (アロス フリト)
揚げ物	fritura (フリトゥラ)
米	arroz (アロス)

すぐに使える 旅単語集500

● 軽食

ごはん	arroz cocido	アロス コシド
白米	arroz blanco	アロス ブランコ
おかゆ	gachas de arroz	ガチャス デ アロス
玄米	arroz integral	アロス インテグラル
パスタ	pasta	パスタ
スパゲティ	espagueti	エスパゲティ
マカロニ	macarrones	マカロネス
ラーメン	fideos chinos	フィデオス チノス
パン	pan	パン
トースト	tostada	トスタダ
サンドイッチ	emparedado	エンパレダド
バゲットサンド	bocadillo	ボカディージョ
ホットドッグ	perrito caliente	ペリト カリエンテ
食パン	pan de molde	パン デ モルデ
揚げパン（チュロス）	churros	チュロス
ピザ	pizza	ピッツァ
レンズ豆	lentejas	レンテハス
たまご	huevo	ウエボ
スクランブルエッグ	huevos revueltos	ウエボス レブエルトス
ゆで卵	huevo duro	ウエボ ドゥロ

● 野菜

アーティチョーク	alcachofa	アルカチョファ
アスパラガス	espárrago	エスパラゴ
エシャロット	chalote	チャロテ
かぼちゃ	calabaza	カラバサ
カリフラワー	coliflor	コリフロール
キャベツ	col	コル
ズッキーニ	calabacín	カラバシン
セロリ	apio	アピオ
たまねぎ	cebolla	セボジャ
とうもろこし	maíz	マイス
トマト	tomate	トマテ
なす	berenjena	ベレンヘナ
にんじん	zanahoria	サナオリア
にんにく	ajo	アホ
ハーブ	hierba	イエルバ
バジル	albahaca	アルバアカ
パセリ	perejil	ペレヒル
ブロッコリー	brócoli	ブロッコリ
ほうれん草	espinaca	エスピナカ
レタス	lechuga	レチュガ

すぐに使える 旅単語集500

● 肉

牛肉	vaca (バカ)
仔牛肉	ternera (テルネラ)
豚肉	cerdo (セルド)
羊肉	oveja (オベハ)
仔羊（ラム肉）	cordero (コルデロ)
鶏肉	pollo (ポジョ)
ウサギ肉	conejo (コネホ)
鴨肉	pato (パト)
仔豚	cochinillo (コチニジョ)
ハム	jamón (ハモン)
生ハム	jamón serrano (ハモン セラーノ)
サラミ	salami (サラミ)
ソーセージ	salchichas (サルチチャス)
チョリソー	chorizo (チョリソ)
ベーコン	tocino (トシノ)
あばら肉（リブ）	costilla (コスティージャ)
骨付き肉	chuletas (チュレタス)
サーロイン	solomillo (ソロミジョ)
リブロース	costado (コスタド)
ロース	lomo (ロモ)

151

● 魚貝類

日本語	Español	カナ
魚	pescado	ペスカド
刺身	pescado crudo	ペスカド クルド
焼き魚	pescado asado	ペスカド アサド
魚のフライ	pescado frito	ペスカド フリト
牡蠣	ostras	オストラス
うなぎ	anguila	アンギラ
ムール貝	mejillones	メヒジョネス
小エビ	gambas	ガンバス
マグロ	atún	アトゥン
サケ	salmón	サルモン
アサリ	almejas	アルメハス
イカ	calamares	カラマレス
イワシ	sardinas	サルディナス
かたつむり	caracoles	カラコレス
カニ	cangrejo	カングレホ
サバ	caballa	カバジャ
舌平目	lenguado	レングアド
タイ	besugo	ベスゴ
タコ	pulpo	プルポ
にじます	trucha arco iris	トルチャ アルコ イリス

買い物

すぐに使える 旅単語集500

● 店舗

市場	mercado メルカド
デパート	grandes almacenes グランデス アルマセネス
スーパーマーケット	supermercado スペルマルカド
食料品店	bodega ボデガ
惣菜屋	verdulería ベルドゥレリア
パン屋	panadería パナデリア
ケーキ屋	pastelería パステレリア
チョコレート専門店	chocolatería チョコラテリア
チーズ専門店	quesos ケソス
靴屋	zapatería サパテリア
楽器店	tienda de instrumentos musicales ティエンダ デ インストルメントス ムシカレス
化粧品店	tienda de antículos de belleza ティエンダ デ アンティクロス デ ベジェサ
宝飾店	bisutería ビステリア
花屋	florista フロリスタ
本屋	librería リブレリア
文具店	papelería パペレリア
玩具屋	tienda de juguetes ティエンダ デ フゲテス
土産物屋	tienda de regalos ティエンダ デ レガロス
キオスク	quiosco キヨスコ
蚤の市	mercadillo メルカディジョ

衣類〈種類〉

ポロシャツ	camiseta de deportes (カミセタ デ デポルテス)
ブルゾン	blusón (ブルソン)
カーディガン	chaleco (チャレコ)
半ズボン	pantalón corto (パンタロン コルト)
キュロットスカート	falda-pantalón (ファルダ パンタロン)
スカート	falda (ファルダ)
レインコート	impermeable (インペルメアブレ)
パジャマ	pijama (ピハマ)
ガウン	bata (バタ)
水着	traje de baño (トラヘ デ バニョ)

衣類〈色〉

金色	dorado (ドラド)
銀色	plateado (プラテアド)
茶色	marrón (マロン)
白	blanco (ブランコ)
青	azul (アスル)
赤	rojo (ロホ)
紺	azul marino (アスル マリノ)
黄	amarillo (アマリジョ)
水色	azul claro (アスル クラロ)
黒	negro (ネグロ)

すぐに使える 旅単語集500

● 衣類〈デザイン〉

しま模様	a rayas ア ラジャス
水玉模様	punteado プンテアド
花柄	de flores デ フロレス
チェック	a cuadros ア クアドロス
無地	sin dibujos シン ディブホス
カラフルな	de colores デ コロレス
セーラーカラー	con cuello marinero コン クエジョ マリネロ
長袖	mangas largas マンガス ラルガス
半袖	mangas cortas マンガス コルタス
ノースリーブ	sin mangas シン マンガス

● 衣類〈サイズ・素材〉

Sサイズ	de talla S デ タジャ エセ
Mサイズ	de talla M デ タジャ エメ
Lサイズ	de talla L デ タジャ エレ
より大きいサイズ	una talla mayor ウナ タジャ マジョル
より小さいサイズ	una talla más pequeña ウナ タジャ マス ペケニャ
これより細い	más estrecho マス エストレチョ
これよりゆったりした	más ancho マス アンチョ
綿	de algodón デ アルゴドン
革	de cuero デ クエロ
ウール	de lana デ ラナ

● 雑貨

バッグ	bolso ボルソ
ポシェット	bolso pequeño ボルソ ペケーニョ
スーツケース	maleta マレタ
小銭入れ	monedero モネデロ
腕時計	reloj レロー
メガネ	gafas ガファス
靴下	calcetines カルセティネス
ストッキング	medias メディアス
下着	ropa interior ロパ インテリヨル
スリッパ	zapatillas サパティジャス
切手	sello セジョ
コースター	posa-vasos ポサ バソス
ランチョンマット	mantelito para platos マンテリト パラ プラトス
紅茶茶碗	taza de té タサ デ テ
コーヒーカップ	taza de café タサ デ カフェ
ワイングラス	vaso de vino バソ デ ビノ
ティーポット	tetera テテラ
皿	plato プラト
瓶	jarra ハアラ
キャンドル立て	candelabro カンデラブロ

観光

すぐに使える 旅単語集500

● 観光名所

教会	iglesia イグレシア
美術館・博物館	museo ムセオ
広場	plaza プラサ
公園	parque パルケ
遊園地	parque de atracciones パルケ デ アトラクシオネス
動物園	parque zoológico パルケ ソオロヒコ
植物園	jardín botánico ※jardinは「庭」 ハルディン ボタニコ
洞窟	cueva クエバ
海岸	costa コスタ

● 観光スポットで見かける単語

入口	entrada エントラダ
出口	salida サリダ
インフォーメーション	información インフォルマシヨン
手荷物預かり所	consigna コンシフナ
開館	abierto アビエルト
閉館	cerrado セラド
撮影禁止	prohibido sacar fotos プロイビド サカル フォトス
フラッシュ禁止	prohibido usar flash プロイビド ウサル フラシュ
故障中	averiado アベリアド
危険	peligroso ペリグロソ

● 都市名

マドリード	**Madrid** マドリド
アランフェス	**Aranjuez** アランフェス
トレド	**Toledo** トレド
セゴビア	**Segovia** セゴビア
クエンカ	**Cuenca** クエンカ
バルセロナ	**Barcelona** バルセロナ
ジローナ	**Gerona** ヘローナ
タラゴナ	**Tarragona** タラゴナ
フィゲラス	**Figueras** フィゲラス
モンセラット	**Montserrat** モンセラット
パルマ デ マジョルカ	**Palma de Mallorca** パルマ デ マジョルカ
イビザ	**Ibiza** イビサ
サン・セバスチャン	**San Sebastián** サン セバスティアン
ビルバオ	**Bilbao** ビルバオ
セビリア	**Sevilla** セビージャ
グラナダ	**Granada** グラナダ
コルドバ	**Córdoba** コルドバ
マラガ	**Málaga** マラガ
ミハス	**Mijas** ミハス
パンプローナ	**Pamplona** パンプローナ

すぐに使える 旅単語集500

● 街角の単語

電車の駅	estación del tren エスタシヨン デル トレン
地下鉄の駅	estación del Metro エスタシヨン デル メトロ
バス停	parada de autobús パラダ デ アウトブス
タクシー乗り場	parada de taxis パラダ デ タクシス
路面電車	tranvía トランビア
車	coche コチェ
自転車	bicicleta ビシクレタ
通り	calle カジェ
大通り	boulevard ブレバル
（並木のある）大通り	avenida アベニダ
横断歩道	paso de cebra パソ デ セブラ
信号	semáforo セマフォロ
歩道	acera アセラ
区画（ブロック）	manzana マンサナ
広場	plaza プラサ
公園	parque パルケ
噴水	fuente フエンテ
教会	iglesia イグレシア
橋	puente プエンテ
船	barca バルカ

😊 » トラブル

● 緊急事態

警察署	comisaría (de policía) コミサリア　デ　ポリシャ
盗難	robo ロボ
紛失	pérdida ペルディダ
スリ	ladrón ラドロン
詐欺	engaño エンガニョ
交通ストライキ	huelga de transportes ウエルガ　デ　トランスポルテス
遅れている	retraso de tráfico レトラソ　デ　トラフィコ
交通事故	accidente de circulación アクシデンテ　デ　シルクラシヨン
転ぶ	caerse カエルセ
怪我をする	herirse エリルセ
火事	incendio インセンディヨ
消防隊	bomberos ボンベロス
救急車	ambulancia アンブランシア
病院	hospital オスピタル
盗難保険	seguro contra robos セグロ　コントラ　ロボス
傷害保険	seguro contra accidentes セグロ　コントラ　アクシデンテス
保険会社	compañía de seguros コンパニア　デ　セグロス
クレジットカードを無効にする	anular la tarjeta de crédito アヌラル　ラ　タルヘタ　デ　クレディト
日本大使館	embajada de Japón エンバハダ　デ　ハポン
旅行社	agencia de viajes アヘンシア　デ　ビアヘス

すぐに使える 旅単語集500

● 病気や怪我をしたとき

医者	médico メディコ
歯医者	dentista デンティスタ
看護師	enfermero (a) エンフェルメロ　ラ
入院	hospitalización オスピタリサシヨン
内科	medicina interna メディシナ　インテルナ
外科	cirugía シルヒア
歯科	odontología オドントロヒア
眼科	oftalmología オフタルモロヒア
小児科	pediatría ペディアトリア
婦人科	ginecología ヒネコロヒア
血液型	grupo sanguíneo グルポ　サンギネオ
高血圧	hipertensión イペルテンシオン
低血圧	hipotensión イポテンシオン
めまいがする	sentir mareos センティル　マレオス
吐き気がする	sentir vómitos センティル　ボミトス
寒気がする	sentir escalofríos センティル　エスカロフリオス
食欲がない	no tener apetito ノ　テネル　アペティト
頭が痛い	tener dolor de cabeza テネル　ドロル　デ　カベサ
喉が痛い	tener dolor de garganta テネル　ドロル　デ　ガルガンタ
お腹が痛い	tener dolor de vientre テネル　ドロル　デ　ビエントレ

背中が痛い	tener dolor de espalda	テネル ドロル デ エスパルダ
歯が痛い	tener dolor de muelas	テネル ドロル デ ムエラス
熱がある	tener fiebre	テネル フィブレ
咳が出る	toser	トセル
鼻水が出る	tengo mocos	テンゴ モコス
下痢している	tener diarrea	テネル ディヤレア
風邪	resfriado	レスフリアド
インフルエンザ	gripe	ギリペ
食中毒	intoxicación de alimentos	イントクシカシヨン デ アリメントス
炎症	inflamación	インフラマシヨン
発作	ataque	アタケ
喘息	asma	アスマ
捻挫	torcedura (de pie)	トルセドゥラ デ ピエ
骨折	fractura (de hueso)	フラクトゥラ デ ウエソ
胃腸炎	gastritis	ガストリティス
糖尿病	diabetes	ディアベテス
外傷	herida	エリダ
目薬	medicina para los ojos	メディシナ パラ ロス オホス
抗生物質	antibiótico	アンティビオティコ
処方箋	prescripción de medicina	プレスクリプシヨン デ メディシナ

カンタン便利なスペイン語フレーズ

CD2-57

あなたの名前は何ですか?
¿Cómo se llama?
コモ セ ジャマ

私の名前はリコです。 Me llamo Riko.
メ ジャーモ リコ

そして、あなたは? ¿Y usted?
イ ウステ

どこから来ましたか?
¿De dónde viene?
デ ドンデ ビエネ

日本から来ました。 Soy de Japón.
ソイ デ ハポン

私は日本人です。 Soy japonés. 男
ソイ ハポネース

Soy japonesa. 女
ソイ ハポネサ

私は30才です。
Tengo treinta años.
テンゴ トレインタ アニョス

ありがとう! ¡Gracias!
グラシャス

どういたしまして。 De nada.
デ ナダ

はい、お願いします。 Sí, por favor.
シィ ポル ファボル

いいえ、結構です。 No, gracias.
ノー グラシアス

こんにちは。 Hola.
オラ

ようこそいらっしゃいました。
¡Bienvenido!
ビエンベニド

おはようございます。
¡Buenos días!
ブエノス ディアス

こんばんは。 ¡Buenas tardes!
ブエノス タルデス

すみません。 Perdón.
ペルドン

なんでしょうか? ¿Sí?
シィ

もう一度言ってもらえますか?
¿Puede repetirlo?
プエデ レペティルロ

お先にどうぞ。
(Pase) usted primero.
パセ ウステ プリメーロ

いくらですか? ¿Cuánto cuesta?
クアント クエスタ

これください。 Este, por favor.
エステ ポル ファボル

さくいん

【あ】

ああ、危なかった	120
アーティチョーク	150
アイスクリーム	77/146
アイスコーヒー	68/142
アイスティ	142
空いている部屋	62
アイロン	57/60
アウェイ	121
青	42/88/154
赤	42/88/154
赤ワイン	36/143
赤ワインをボトルで	74
秋	26
アクセサリー	83
揚げた	147
揚げパン	149
揚げ物	148
朝	26
麻	87
アサリ	152
アサリの漁師風煮込み	77
脚・足	136
味が濃い	78/80
明日	32
預けておいた荷物	62
アスパラガス	150
頭	132/136
頭が痛い	37/161
新しいタオル	9
熱い	78
あっさり	147
暑すぎ	64
アップルパイ	146
アトーチャ駅	46/110
あなたのファンです	120
あばら肉	151
危ない	120/124
脂っこい	78/147
アプリコット	145
アボカド	145
甘い	14/78/147
甘口	75/143
甘酸っぱい	147
あまり高くないレストラン	67
アランフェス	158
歩きやすい靴	90
アルタミラ洞窟	107
アロス・ア・バンダ	76
案内所	45
案内図	115
いい	19
いい男!	119
いいぞ!	119
いいぞうまい!	120
いいですよ	19
いいプレイ	121
イエローカード	122
イカ	152
イカ墨のパエリア	76
イカリングのフライ	77
いくら	19/48
いけし\ない!	11
医者	125/161
椅子	60
痛いです!	124
痛み止め	134
炒めた	147
イタリア料理	66
いちご	145
一人前	144
市場	82/104/153
一番安い席	118
一番安い部屋	50
胃腸炎	162
一緒に写真を撮って	117
一緒に包んで	97
一等席	109
一泊あたり	51
イビザ	158
今	32
イヤホン	34
入口	16/157
イワシ	152
インターネット	10/54
インテリア用品	83
インフォメーション	157
インフルエンザ	162
ウィスキー	43/74/143
ウール	87/155
上	28
ウエイター	79/144
ウエイトレス	79/144
ウエリントンホテル	40
ウサギ肉	151
後ろ	28
腕	136
腕時計	93/127/156
うなぎ	152
海が見える部屋	50
エアコン	60/63/141
映画	104/105
英語のメニュー	71
エウロパホテル	40
エキストラベッド	51
エシャロット	150
エスカレーター	140
エステ	52
エスプレッソ	8/68
絵葉書	13/16/56
エレベーター	16
宴会場	56
炎症	162
延長戦	121
鉛筆	95
円をユーロに両替	10
おいしい	14/78
おいしいバル(レストラン)	67
王宮	102/111
横断歩道	159
往復1枚	109
大きい	42
大通り	159
オードトワレ	94
オードブル	72
オーブンで焼いた	147
お菓子	43
お金	127
おかゆ	149
お勘定	8/80
奥の席	70
遅れている	160
惜しい!	120
おしゃれなカフェ(レストラン)	67
オススメ	66/75/144
遅い	27
おつりはとっておいて	48
お手洗い	12/34/37/56
大人1枚	109/144
お腹が痛い	132/161
オフサイド	121
お土産	43/104
オムレツ	59/69/148
おやすみ、しっかり	119
お湯	64/142
オリーブ	145
オリーブオイル	146
折りたたみ傘	91
降ります	111
オレンジ	88/145
オレンジジュース	8/36/59/142
終わり	17

【か】

カーディガン	154
カーテン	60
カート	41/45
開館	106
海岸	126/157
会議室	52/56
会計	144
会社員	40
外傷	162
回数券	109
海鮮サラダ	148
階段	140
ガイド	125/128
ガイド付き見学	106/115
ガウン	154
カウンター	121
香り	143
鏡	61/85
牡蠣	152
鍵	55/63/127/141
学生	40/114
カクテル	143
傘	91
火事	124/160
カシミア	87
カステリャーナ通り	102
ガスパチョ	75/148
風邪	134/162
家族	125/128
かたい	78
カタクチイワシのフライ	77
かたつむり	152
片道1枚	109
楽器店	153
カップ	79
カディス	103
カニ	152
カバをグラスで	74
カフェオレ	68/142
下腹部	132
カフスボタン	93
かぼちゃ	150
カミソリ	61
紙袋に入れて	97
鴨肉	151
火曜日	31
辛い	147
辛口	75/143
カラフルな	155
カリフラワー	150
カルバドス	74
カレンダー	92
カロリー	87/158
革	87/155
革製の	42
眼科	161
玩具屋	153
観光	39
観光案内所	104
看護師	161
監督	122
がんばれ!	120
カンプ・ノウ・スタジアム	14
黄	88/154
キーホルダー	92
キウイフルーツ	145
キオスク	153
気温	138
危険	157
ギターコンサート	105
汚いプレイ	121
貴重品を預かって	11
喫煙席	70
喫煙ルーム	50/140
キックオフ	121
キッシュ	13
切手	13/156
切符	8/109
来てください!	124
昨日	32/132
キノコとタラのパエリア	76
ギフト用に包んで	97
気分が良くない(悪い)	37/133
客室係	53
キャベツ	150
キャンセル	54/140
キャンドル立て	156
救急車	125/160
牛肉	14/35/151
牛肉の串焼き	77
牛乳	142
救命胴衣	38
キュロットスカート	154
今日	32
教会	157/159
教師	40
郷土料理	66
居住国	139
去年	32
気をつけて!	124
銀色(シルバー)	42/154
禁煙席	70
禁煙ルーム	50/140
銀行	12/44
金曜日	31
空港	139
空港行きの	111
空腹時に	135
グエル公園	105
クエンカ	158
区画	159
くし	61
薬アレルギー	133
口	136
口紅	94
クッキー	146
靴下	156
靴屋	153
首	136
グラウンド	121
グラス	143
グラタン	148
グラナダ	103/158
グランビア通り	102
グリーンサラダ	69
グリルした	147
車	159
車の事故	131
グレイ	88

グレープフルーツ	145
クレームブリュレ	77
クレジットカード	54/127
クレジットカードを無効に	130/160
黒	42/88/154
クローク	16
クローゼット	60
クロス	121
クロワッサン	13/59/69
燻製にした	147
警察	12/125/128/130/160
計算ミス	80
軽食	144
携帯電話	92/127
ケーキ	146/253
ケーブルカー	105
外科	161
けが	131/160
劇場	104
今朝	132
消しゴム	95
化粧室	16/138
化粧品	43/83/153
ケソ・マンチェゴ	77
血液型	133/161
月曜日	31
解熱剤	134
下痢	162
現金	44/54
現地時間	138
玄米	149
公園	104/126/157/159
航空券	127/139
高血圧	161
仔牛肉	94
香水	94
合成繊維	87
抗生物質	162
紅茶	36/59/68/142/156
交通事故	160
交通ストライキ	160
後半	121
公務員	40
小エビ	152
コース	71/72/144
コースター	156
コート	84
コーヒー	36/59/68/142/156
コーヒーラウンジ	52/141
コーラ	36/68
氷(水なし)	142
ゴール	121
ゴール・キーパー	122
国籍	139
午後	26
ココア	142
ここが痛い	131
ここで写真を撮っても	116
ここで停めて	47
ここに行って	47
ここに座っても	15/16
ここを押して	117
胡椒	146/147
故障中	157
小銭	44
小銭入れ	156
骨折	162
コップ1杯の水と一緒に	135
今年	32
子供1枚	109/114
子供服	83
子ども向け機内食	35
コニャック	74/143
この薬	134
この住所	48/112
この席	34
このパエリア	76
このホテル	112
この料理に合うワイン	75
ごはん	149
仔羊	151
仔豚	151
米	148
ごめんなさい	124
コルドバ	103/107/158
これが入るように撮って	117
これより大きいもの(もっと大きい)	13/89/155
これより小さいもの(もっと小さい)	13/89/155
これより長いもの	89
これより短いもの	155
これより短いもの	89
これよりゆったりした	155
コロッケ	148
転びました	131
転ぶ	160
柑	154
今月	32
コンシェルジュ	53
今週	32
コンセント	60
コンソメ	148
こんにちは	18
今晩	73
こんばんは	18
コンピューター技師	40
【さ】	
さあ行こう!	119
サーロイン	151
最上階	141
サイドバック	122
再入場しても	116
財布	91/127
サイン	120
サインペン	95
サウナ	52/56/141
魚	8/35/72/152
魚のパエリア	152
魚のフライ	76
詐欺	160
先程	132
先程の係の人	54
サグラダ・ファミリア	105
さくらんぼ	145
サケ	152
刺身	152
座席	37/138
撮影禁止	157
サッカーの試合	10/105
サッカーの試合が見られるバル	106
砂糖	146
寒い	37
サバ	152
寒気がする	161
寒すぎ	64
さめている	78
さようなら	18
皿	79/156
サラダ	148
サラマンカ	103
サラミ	151
触っても	116
サン・セバスチャン	110/158
サンダル	90
サンタンデル	103
サンチャゴ・ベルナベウ・スタジアム	102
サンドイッチ	149
試合	121
シーズン	121
シーツ	58/60/141
シートベルト	38
シードルをピッチャーで	74
ジーンズ	84
シェフ	79
ジェラート	67/69
シェリー酒	75/143
塩	146
塩からい	78/147
塩漬けにした	147
茶	92
歯科	161
自家製の	147
仕事	39
時差	138
静かな席	70
下	28
舌	136
下着	156
舌平目	152
七分袖	86
試着室	85
試着してもいい?	15
指定席	118
自動車	159
シニア3枚	108
芝居	105
しま模様	155
ジム	56
シャーベット	77
ジャケット	84
写真を撮って	10/11/15/116/117
シャトルバス乗り場	46
シャワー	61/140
シャワー付きの部屋	50
シャンパン	36/143
シャンプー	58/61/96
シュークリーム	146
集合時間	108
自由time	108
住所を書いて	11
渋滞	48
シュート	121
出国審査	139
出発	17/138
傷害保険	160
常備薬1枚	114
商店街	82
消毒液	134
小児科	161
常備薬	43
消防隊	160
照明器具	118
正面席	118
ショーケース	85
食後酒	74/143
食後に	135
食事代	108
食前酒	74/143
食前に	135
食中毒	162
食パン	149
植物園	157
食欲がない	161
食料品店	153
除光液	94
食器	83
ショッピングモール	82
処方箋	162
書類袋	95
ショルダーバッグ	90
シリアル	59
シルク	14/87
白	88/154
ジローナ	158
白身魚のフライ	77
白ワイン	36/143
白ワインをカラフで	74
シングルルーム	50/140
信号	159
紳士靴	83
紳士服	83
親戚の家	40
診断書	133
審判	122
酢	146
水曜日	31
数日前	132
スーツ	84
スーツケース	42/45/90/156
スーパーゴール	121
スーパーマーケット	62/82/153
スープ	148
スカート	84/154
スカーフ	91
スクランブルエッグ	149
スクリーン	37
すごくおいしい	78
少し待って	11
スタジアム	121/126
スタジアムまでの行き方	106
頭痛薬	134
ズッキーニ	150
酸っぱい	147
ストッキング	156
スニーカー	90
スパ	52/56
スパークリングワイン	143
スパイシー	78/147
スパゲティ	149
スプーン	79
スペイン広場	46
スペイン料理	66
スポーツウエア	83
すみません	18/37
スリッパ	156/160
税関	45/139
税関申告書	34/139
姓名	139
セーター	84
セーブ	121
セーフティーボックス	60/63
セーラーカラー	155
セール品	85
世界遺産巡り	107
咳が出る	162
席を替える	37
セゴビア	158
節	121
石けん	58/61/96
背中	136/162
セビリア	103/107/158
背もたれ	38
セロテープ	95
セロリ	150
専業主婦	40
前菜	72/144/148
選手	122
先週	32/132
喘息	162
全体が入るように撮って	117
前半	121
洗面台	61
惣菜店	153
ソーセージ	151
そこだ、いけ!	119

外	28
ソファー	60
それいけ!	119

【た】

タートルネック	86
ダービー	121
ターンテーブル	45/139
タイ	152
体温計	57
大学の寮	40
大丈夫	19
タオル	58/61/96
タクシー乗り場	12/46/104/159
タクシーを呼んで	11/55
タコ	152
助けて!	124
棚	85
煙草	15/43
タバコ臭い	64
タバコ屋	12
ダブルルーム	50/140
たまご	149
たまねぎ	150
タライモの揚げもの	75
タラゴナ	158
誰か	125
炭酸なしの水	142
炭酸の入った水	142
男性の店員	85
小さい	42
チーズ	72
チーズ専門店	82/153
チーム	122
チェック	155
チェックアウト	8/54/140
チェックイン	54/140
チェックインカウンター	45/139
遅延	139
地下鉄の駅	12/159
地下鉄路線図	9
地図	55
地中海でクルーズ	107
茶	88/153
炒飯	148
着陸	138
チャマルティン駅	16/46/110/112
中華料理	66
中くらいの	42
昼食	141/144
注文したもの	80
チュロス	69/67
朝食	51/141/144
チョコレート	146/153
チョリソー	13/77/151
ツインルーム	50
通路側の席	38/138
通路の横の席	118
付け合わせ	148
包み焼きパイ	69
詰め物をした	147
強い薬	133
手	136
ティーポット	156
低血圧	161
定刻	138
定食	144
ティッシュ	96
定年退職者	40
ディフェンダー	122
テーブル	10/38/60
テーブルクロス	92
出口	16/157
デザート	71/72/144
手帳	92

手伝って	11/47
テニスの試合	106
手荷物預かり所	157
デパート	82/153
手袋	91
テラス席	70
テレビ	60/63/141
電球	60/64
電車の駅	159
電池	96
電話	15/63
ドアマン	53
ドアロック	63
ドアを開けて	111
トイレットペーパー	58
どういたしまして	19
闘牛	105
洞窟	157
当日券	118
搭乗口	139
搭乗券	139
到着	138
盗難	130/160
糖尿病	162
動物園	100
とうもろこし	150
トースト	149
トートバッグ	92
ドーナツ	146
通り	159
読書灯	37/38
特別食	35
特別展1枚	114
どこで解散	108
土地のもの	14
隣り合わせ	118
隣の部屋がうるさい	64
どのくらい時間がかかる	115
どのくらい待ちますか	73
飛び出し	121
トマト	150
トマトジュース	36
トマトのスープ	75
土曜日	31
ドライヤー	57
トランク	47
鶏肉	35/151
トリプルルーム	50/140
ドリンクメニュー	71
トレーニングジム	52/141
トレド	103/158
泥棒!	124

【な】

内科	161
ナイフ	79
中	28
長袖	86/155
中庭	140
なす	150
夏	26
ナプキン	79/96
生ハム	77/151
生ビール	68/143
生野菜の盛り合わせ	75
並木のある大通り	159
苦い	147
肉団子	148
肉の盛り合わせ	148
肉料理	72
にじます	151
日曜日	31
二ツ星レストラン	66
二等席	109
日本円	44

日本語が話せる医者	133
日本語が話せる人	62/129
日本語がわかる人	125
日本語の音声ガイド	115
日本語のパンフレット	115
日本語のメニュー	71
日本酒	43
日本大使館	128/129
日本大使館に	100
日本の雑誌	34/138
日本の新聞	34/138
日本へ電話	10
日本料理	66
荷物入れ	37
荷物受取所	139
荷物サービス	41
荷物棚	38
荷物を預ける	54/55
荷物を置いてもいい?	15
荷物を持って入っても	116
入院	161
乳液	94
入国審査	45/139
入場料	108
庭が見える部屋	50
にんじん	150
妊娠中	133
にんにく	150
布製の	42
ネクタイ	91
ネクタイピン	93
熱がある	133/162
ネックレス	93
値札をとって	97
寝る前に	135
捻挫	162
ノースリーブ	86/155
ノート	95
喉	136/161
蚤の市	153
飲み物	72
乗り換え	110
乗り継ぎ	45/139
乗り物の酔い止め	134

【は】

歯	132/136/162
バー	52/56/141
パーク・デル・レティーロ	102
ハードケース	42
ハーブ	151
ハーブティ	68/142
はい	19
はい、その通りです	19
灰皿	144
歯医者	161
入っても	15/116
ハイネック	86
ハイヒール	90
パインアップル	145
パウダー	94
パエリア	148
吐き気	133/161
白米	149
バゲット	8/149
箱に入れて	97
はさみ	95
橋	159
始まり	17
パジャマ	154
バジル	150
バス	121
バスク料理	66
パスタ	35/76/149
バスタブ	61

バス付きの部屋	50
バス停	12/111/159
バス乗り場	46
パスポート	45/127/139
バスルーム	140
パセリ	150
パソコン	127
バター	146
はちみつ	146
バッグ	83/127/156
鼻	136
花柄	155
はなぜ!	124
バナナ	145
鼻水が出る	162
花屋	153
パパイヤ	145
パパロア	146
歯ブラシ	61/96
歯磨き粉	96
ハム	151
ハムサンド	69
早い	27
流行って	14
腹	136
バラハス空港	110
春	26
バルサミコ酢	146
バルセロナ	103/158
バルセロナ・サンツ駅	102
バルセロナ空港	112
パルマ　デ　マジョルカ	158
パン	35/80/149
ハンガー	85
ハンカチ	91
半時間	27
半ズボン	154
半袖	86/155
パンツ	91
ハンドバッグ	90
ハンバーガー	69/148
パンプローナ	158
パン屋	153
ピアス	93
ヒーター	60
ビール	36/143
ピカソ美術館	102
飛行時間	138
ピザ	149
美術館	104/107/157
非常口	34/138
左	28
ビデオに撮っても	116
ひと月	39
ビニール袋	96
日焼け止めクリーム	94
病院	128/131/160
美容室	56
ヒヨコ豆の肉の煮込み	75
昼	26
ビルバオ	158
広場	157/159
瓶	156
ピンク	88
便せん	58/95
便の変更	139
便名	139
ファーストフード店	67
ファウル	121
ファックスを送る	54
ファンデーション	94
ブーツ	90
封筒	58/95
プール	52/56/141

プエルタ・デル・ソル	46/102
フォーク	79
フォワード	122
副作用	135
服飾雑貨	83
婦人科	161
婦人靴	83
婦人服売り場	83
豚肉	35/151
フットレスト	38
ぶどう	145
船	159
冬	26
フライドポテト	69/148
ブラインド	38
ブラウス	84
プラグの変換アダプター	57
ブラックコーヒー	142
フラッシュ禁止	157
フラッシュを使っても	116
プラド美術館	46
プラム	145
フラメンコ	105
ブランデー	143
ブランド店	82
プリン	146
ブルーベリー	145
フルコース	144
ブルゾン	154
ブレスレット	93
フレッシュオレンジジュース	93
ブローチ	93
ブロッコリー	150
フロント	53/140
文具店	153
紛失	160
紛失手荷物の窓口	41
紛失物の届け出	130
噴水	159
ヘッドライヤー	61
閉館	116
ベーコン	151
ベージュ	88
ベジタリアン	67
ベッド	60/141
ヘッドフォン	37
別々に支払い	80
別々に包んで	66
ベトナム料理	67
部屋に付けて	11/55
部屋を替える	54
ベルト	91
ベルボーイ	53
ペンダント	93
帽子	91
宝飾店	153
ほうれん草	75/150
ポーチドエッグ	59
ホーム	121
ボール	122
ボールペン	95
保険	131/160
ポシェット	156
保湿クリーム	94
ポストカード	95
ポタージュ	148
発作	162
ホットココア	68
ホットドッグ	149
ボディーソープ	61
ホテル	17/128/140
ホテルまで迎えに来て	108
歩道	126
ボトル	143

骨付き肉	151
ポロシャツ	154
本日の料理	72
ポンド	44
本物の毛皮	87
本屋	153
[ま]	
前	28
マカロニ	149
マグカップ	92
枕	34/37/60/141
マグロ	152
マスタード	146
待ち合わせ	17
町が見える部屋	50
町の地図	13
マッサージルーム	52
マテ茶	142
窓側の席	38/138
窓口	16
窓に近い席	70
マドリード	158
マドリードタワー	106
マニキュア	94
マフラー	91
マヨール広場	46
マヨネーズ	146
マヨル広場	111
マラガ	158
マリネした	147
丸首	86
マンゴー	145
万年筆	95
ミートボール	77
右	28
水	9/142
水色	154
水着	154
水玉模様	155
道で	126
道を教えて	11
ミックスパエリア	76
ミッドフィルダー	122
三つ星	66
見て!	119
見てもいい?	15
緑	88
ミニバー	60/63/138
ミネラルウォーター	36/74
ミネラルウォーター炭酸入り	74
身の回りのもの	43
ミハス	158
耳	136
土産物屋	153
ミルク	59
ミルクティ	142
ムール貝	152
無地	155
蒸した	147
虫よけ	134
紫	88
無料	115
目	132/136
メイク落とし	94
名刺	55
メインディッシュ	72/144
メガネ	156
メキシコシティ	103
目薬	162
目覚まし時計	60/63
目玉焼き	59
メトロで	126
メニュー	9/71/79/144
めまい	133/161

メモ帳	95
綿	87/155
免税店	82
もう1泊する	54
もう1枚お願い	117
もう一杯	36
もうひとつ袋を	97
毛布	34/37/58/60/138/141
目的地	138
木曜日	31
持ち込み禁止品	139
もっとゆっくり	47
最寄りの	112
盛り合わせ	148
モンジュイッチ城	102
モンセラット	158
[や]	
焼き魚	152
野菜	72
野菜のパエリア	76
やった〜!	120
やめてください!	124
遊園地	157
夕方	26
夕食	141/144
友人に会う	39
友人の家	40
郵便局	12
有料	115
有料チャンネル	60
ユーロ	44
床	61
ゆで卵	59/149
指	136
指輪	93
湯沸かしポット	57
羊肉	151
ヨーグルト	59/146
浴室	61
汚れて	64
予定より早く発つ	54
予約	54/62/73/140
予約の取り消し	55
夜	26
[ら]	
ラーメン	149
来週	32
来年	32
ライム	145
ラズベリー	145
ランチョンマット	156
リブロース	151
リボンをかけて	97
リモコン	37
留学	39
リュック	90
量	80
両替所	44
料金	9/44/55
領収書	9/44/55
緑茶	36/142
旅行社	128/160
離陸	138
りんご	145
リンゴジュース	68
リンス	58/61/96
レイナ・ソフィア広場	111
レインコート	154
レーズン	145
歴史的建造物	104
レジ(キャッシャー)	53/85
レストラン	52/56/126
レセプショニスト	53
レタス	150

レッドカード	122
レモネード	68
レモン	145
レモンティ	68/142
レンズ豆	149
レンタカーのカウンター	46
ロイヤル劇場	112
ロース	151
ローストした	147
ローヒール	90
ロゼワイン	143
ロゼワインをハーフボトルで	74
ロッカー	115
ロビー	53/140
ロブスターのパエリア	76
路面電車	159
[わ]	
ワイシャツ	84
ワイン	37/43/143
ワインカーブ巡り	107
ワイングラス	156
ワイン専門店	82
ワインバー	67
ワインメニュー	9/71
わかりません	18
和食	35
私の座席	16
ワンピース	84
[数字・アルファベット]	
1月1日	29
1月2日	29
〜1切れ	144
10日間	39
10年後	32
10年前	32
10ユーロ札	44
1カートン	43
1階	141
1ヶ月	27
1時間半	27
1週間	27
1週間	39
1週間	39
1日	27
1日3回飲んで	135
1年	27
1分	27
2014年	29
2階	141
2か月	39
2週間	39
2泊したい	62
2名です	73
3階	141
3日間	39
4人乗れますか	48
4分の1時間	27
50%オフの特売	85
50万円	43
6番線	110
8時	8
AF275便のターンテーブル	41
iPad	127
Lサイズ	89/155
Mサイズ	89/155
RENFE	46/110
Sサイズ	14/89/155
Tシャツ	84
Vネックの服	86

● 著者紹介

ヘスス・マロト・ロペステジョ　Jesús Maroto López-Tello

　スペインのラ・マンチャ州バルデペーニャス市生まれ（ワインの名産地）。17歳の頃、陸上競技800メートルのスペイン・ユースチャンピオンに。サッカーのビッグクラブ、レアル・マドリードのカンテラ（選手養成所）にも所属。

　1960年、国立マドリード・コンプルテンセ大学哲文学部卒業。その後、アメリカに留学、ボストン大学で社会心理学専修。1970年、上智大学神学部（東西比較文化専攻）卒業。U.N.E.D.（スペイン国立通信教育大学）で言語学部語源学専攻修士取得。その後、東京外国語大学、常葉学園大学、早稲田大学等で教鞭をとる。現在、スペイン語教育ほか様々な文化活動を行う東西文化センター所長。

カバーデザイン	滝デザイン事務所
カバーイラスト	福田哲史
本文デザイン／DTP	江口うり子（アレピエ）
本文イラスト	田中斉
本文写真提供	スペイン政府観光局／photolibrary／fotolia.com
音声録音・編集	財団法人　英語教育協議会（ELEC）
CD制作	高速録音株式会社

単語でカンタン！旅行スペイン語会話

平成26年（2014年）6月10日　　初版第1刷発行
平成27年（2015年）7月10日　　　　第2刷発行

著　者	ヘスス・マロト・ロペステジョ
発行人	福田富与
発行所	有限会社　Jリサーチ出版
	〒166-0002　東京都杉並区高円寺北2-29-14-705
	電　話　03(6808)8801(代)　FAX 03(5364)5310
	編集部　03(6808)8806
	http://www.jresearch.co.jp
印刷所	株式会社 シナノ パブリッシング プレス

ISBN978-4-86392-192-4　禁無断転載。なお、乱丁・落丁はお取り替えいたします。
© 2014 Jesús Maroto López-Tello, All rights reserved.

スペイン語を公用語とする国々

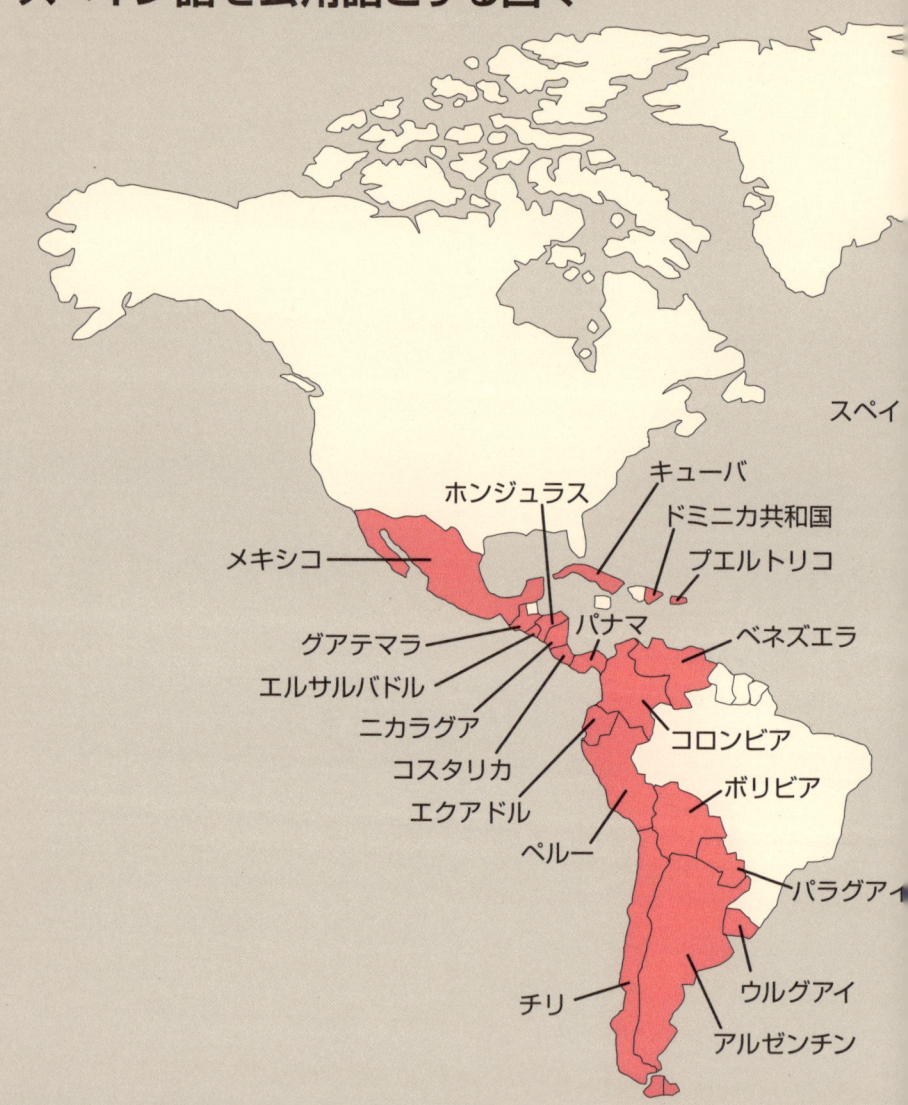

スペイ

- ホンジュラス
- キューバ
- ドミニカ共和国
- プエルトリコ
- メキシコ
- パナマ
- ベネズエラ
- グアテマラ
- エルサルバドル
- ニカラグア
- コロンビア
- コスタリカ
- ボリビア
- エクアドル
- ペルー
- パラグアイ
- チリ
- ウルグアイ
- アルゼンチン